妖怪臺灣地圖

環島搜妖探奇錄

何敬堯 著

目次

南部

鯤島奇聞篇

東部

鯤島奇聞篇

離島

自序

妖怪追蹤，海島搜奇——臺灣妖鬼神怪的魔幻世界

若要進行臺灣妖怪的探索，除了文獻調查之外，實地訪查更是重要環節。自從開始編纂《妖怪臺灣》，我也同時進行田野調查，陸續走訪與妖怪相關的地點，希望能更加理解臺灣妖怪的魔幻境域。

《妖怪臺灣》系列作是妖怪文獻的資料庫，而本書《妖怪臺灣地圖》則是妖怪文化的實地考察書。

雖然近年來臺灣興起了本土妖怪文化的風潮，但還是有很多人質疑「臺灣妖怪」的正當性。這些懷疑非常合理，因為「妖怪」一詞本來就不是臺灣人習以為常的民俗用語。

在民俗上，臺灣人對於超自然的妖異存在，更通用的詞彙是「鬼怪」、「精怪」、「神怪」，原住民各族也有各自稱呼，這是無庸置疑的事實。既然如此，我為何要用「妖怪」這個名詞來統稱這些超自然、魔異之事物？

我一開始做妖怪研究的時候，被這個想法困惑很久。在臺灣的歷史學、民俗學的觀點上，使用「妖怪」這個名詞是不太正確的稱呼，抵觸了本土傳統。後來，我參考了一些資料，想法慢慢轉變，或許這個名詞並非全然錯謬。從某些立場來看，臺灣這座島嶼也具有形成「妖怪」這個詞彙的潛在力量。

華麗島的「妖怪」？

很多人以為，臺灣妖怪研究是近幾年才開始，這是不太正確的說法。事實上，早在八十幾年以前，臺灣就有學者試圖用妖怪觀點來解析本土宗教。

曾景來撰寫的《臺灣宗教と迷信陋習》（一九三八）是早期使用「妖怪學」面對臺灣妖異文化的書籍。以下摘錄曾景來的說法：

> **妖怪是一種變化，是平常罕見的珍奇現象，甚至是令人畏懼的。但因人類喜歡新奇，所以，就算妖怪恐怖，仍然很喜歡。這種矛盾是一種變態，但也是共通的人性。……（略）……臺灣的驅邪壓煞等巫術，避祟、牽亡等儀式，都是以妖怪的存在為前提，可以說是病態的迷信。這是道士、乩童、紅姨、術士等的專業事項，他們為圖職業上的私利，因而製造人為的怪談，以建立最有利的地位。**

曾景來書中寫到臺灣妖怪故事可以分為「物理的怪談」、「心理的怪談」……等等概念，很明顯參考自井上圓了《妖怪學講義》（一八九六）書中的妖怪分類。

井上圓了是明治時代的哲學家，他為了提升日本文化，於是建議人們應該捨棄非科學理性的迷信思想。迷信的領域包含妖怪，而他認為很多妖怪來自於人們的誤解。他為了證明妖怪不存在，協助人們辨別妖異故事的「真假」，於是他撰寫《妖怪學講義》，並四處演講，宣傳理念。奇妙的是，雖然井上圓了的本意是提倡科學文明，但是藉由他的研究，虛幻的日本妖怪反而開始具有學術化的實體，並且讓人更加著迷。井上圓了的妖怪研究，啟發了人們對於妖怪的認識，井上圓了也被後人稱為「妖怪博士」。

曾景來的觀點，很明顯承襲井上圓了「破除迷信」的概念，書名寫「迷信陋習」也反映了他的企圖心。不過，如同井上圓了最後成為妖怪博士，曾景來也成為早期嘗試以妖怪觀點分析臺灣民俗信仰的學者。雖然書中提及臺灣妖怪的篇幅不多，但是這一本書也成為「臺灣妖怪學」很早期的端倪。

因此，若說臺灣從未發展過「妖怪學」，這是不太正確的說法。但是，我也不能否認，曾景來的妖怪學說並未受到重視，之後罕有學者會以「妖怪」這個名詞來分析臺灣民俗文化。

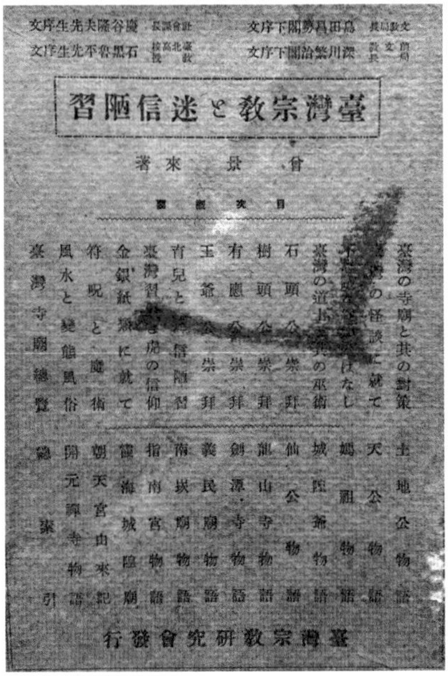
文教局長 島田昌勢閣下序文
前文教局長 深川繁治閣下序文
社會課長 慶谷隆夫先生序文
臺北高校教授 石黑魯平先生序文

臺灣宗教と迷信陋習

曾景來著

目次概要

臺灣の寺廟と其の對策
臺灣の道士と其の巫術
石頭公崇拜
樹頭公崇拜
有應公崇拜
王爺公崇拜
育兒と迷信陋習
金銀紙類に就て
符呪と魔術
風水と變態風俗
臺灣寺廟總覽
土地公物語
天公物語
媽祖物語
城隍爺物語
仙公物語
龍山寺物語
劍潭寺物語
義民廟物語
南崁廟物語
指南宮物語
鎮海城隍廟
朝天宮由來記
開元禪寺物語
總索引

臺灣宗教研究會發行

曾景來《臺灣宗教と迷信陋習》書套外觀。

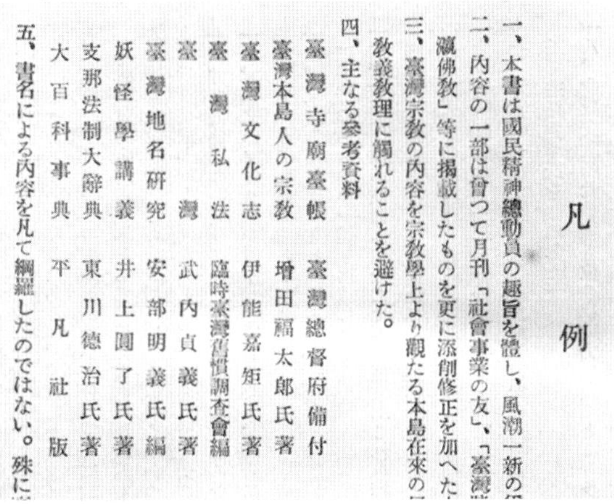
凡例

一、本書は國民精神總動員の趣旨を體し、風潮一新の
二、內容の一部は曾つて月刊「社會事業の友」、「臺灣
灜佛教」等に揭載したものを更に添削修正を加へた
三、臺灣宗教の內容を宗教學上より觀たる本島在來の
教義教理に觸れることを避けた。
四、主なる參考資料

臺灣寺廟臺帳	臺灣總督府備付
臺灣本島人の宗教	增田福太郎氏著
臺灣文化志	伊能嘉矩氏著
臺灣私法	臨時臺灣舊慣調查會編
臺灣	武內貞義氏著
臺灣地名研究	安部明義氏編
妖怪學講義	井上圓了氏著
支那法制大辭典	東川德治氏著
大百科事典	平凡社版

五、書名による內容を凡て網羅したのではない。殊に

曾景來書中內頁註明參考資料包含井上圓了著作。

既然如此，為何我要以「妖怪」作為臺灣妖異研究的關鍵字呢？我很猶豫，臺灣民間故事中的精怪、鬼魂……是否能統稱為「妖怪」？

若從臺灣民俗中的「鬼怪」、「精怪」、「神鬼」……等等名詞之中，想找一個詞彙來統稱這些妖異文化，其實會遇到很多困難。例如，只以「鬼怪」統稱，就無法包括「精怪」，反之亦然。若講「神鬼」也不好，因為臺灣人普遍認為「神」是神聖的存在，不應屬於妖異，而我真正想探討的其實是那些比較「不神聖」的陰靈文化，「神鬼」這個名詞似乎不適合。而且，臺灣民間信仰中的超自然存在，有時候難以區別祂們究竟是神、鬼，或者是其他的存在。例如，椅仔姑根據原始傳說，應是女鬼，但在民間儀式中，又會將祂視為可以膜拜的「神」，那祂究竟是神是鬼？此外，在民間文學的領域上，又有神話、傳說、民間故事等等分類，這些故事中的妖怪、神怪又該如何界定？

這些難題，都讓我非常困惑。

直到我研究日本妖怪文化的時候，發現了一個事實，總算才稍微解決我的困惑。

我們一向認為日本人講「妖怪（ようかい）」這個稱呼有著悠久歷史，但這是不太精確的概念。日本人普遍開始講「妖怪」此詞，是從明治時代以後才約定俗成的風潮。也就是說，日本人廣泛講「妖怪」這個讀音大約只有一百多年的歷史而已。

根據日本學者的研究，在明治時代以前，日本人對於超自然的妖異存在，會以不同的名詞來概括。例如，在平安時代，日本人習慣將附身的魔物稱為「物怪（もののけ）」，在江戶時代會將妖異之物稱為「化け物（ばけもの）」。

除此之外，日本人在十九世紀以前也會講「お化け（おばけ）」、「怪物（かいぶつ）」……等等名詞。根

據日本學者的研究，「妖怪」這個稱呼是在明治時代到昭和初期才逐漸被廣泛接受，是一種較新的統稱說法。

我恍然大悟，原來「妖怪」的統稱會因為時代不同而更改，會隨人們信仰習慣而變化。既然如此，是否臺灣的妖異文化也能具有這種「變化」？

其實，變化早已開始。

戰後，兒童讀物裡的臺灣民間故事，受到日本文化的影響，已經開始使用「妖怪」一詞。

在我的童年時代，我與小學同儕就會以「妖怪」這個名詞來稱呼那些超自然的怪異存在，我們甚至將林投姐也視為一種恐怖妖怪，互相講女鬼怪談來驚嚇彼此。這種情形，當然是受到日本文化的影響。臺灣在一九八〇、九〇年代開始大量輸入日本漫畫、動畫，很多妖怪作品也進入臺灣。藉由這些妖怪創作，許多臺灣人逐漸會以「妖怪」這個名詞來統稱各種不可思議的妖異鬼怪。事實上，我也是因為《靈異教師神眉》、《犬夜叉》等等妖怪漫畫，才開始對妖怪產生濃厚興趣。

當然，日本文化是否能夠作為臺灣文化的參考，值得商榷。因為兩地屬於不同國族，風土民情當然不同，直接沿用「妖怪」這個舶來詞彙，很有疑慮。

只不過，換個角度思考，若能將「妖怪」這個名詞進行在地化，是否也是一種路徑？如同「天狗」這個名詞一開始誕生於中國，後來傳至日本，經過長久的在地化，「日本天狗」的新面貌就誕生了。

是否，「臺灣妖怪」也能具有在地化特質？

因此，我進一步思考，臺灣的「妖怪」該如何定義？我認為，只想從理論來思考，這是不太好的方法。因為，第一步驟應該是徹查臺灣古往今來所有與妖異鬼怪有關的資料，然後從這些基本資料庫當中，慢慢統合、分類出臺灣的「妖怪」究竟是什麼。所以，我開始進行《妖怪臺灣》的整理工作，同時也訪查臺灣各地的妖異景點，希望能從文獻、田野的資料中，初步歸納出「臺灣妖怪」的基本定義。

在二〇一七年，我的初步成果是將臺灣的妖異文化劃分四種類別。我將「妖怪」這兩個字視為四個字的縮寫，這四字分別是「妖、鬼、神、怪」，代表四種類型。

❶妖：妖精、精怪，通常是物有其靈，魔物化變，擁有具體形象。
❷鬼：鬼魅、鬼怪，形象曖昧不清，或人死成鬼，或以鬼命名。
❸神：神怪、陰神、精靈，受到人們崇拜、信仰。
❹怪：怪事、奇譚，也就是怪奇而不可思議的故事。

換句話說，我口中所謂的「妖怪」，其實與日語的「妖怪」截然不同。我在爬梳臺灣妖異文化的過程中，歸納出「妖鬼神怪」這四種類型，並取前後兩字，簡稱「妖怪」。

除此之外，我也希望藉由「妖怪」兩字，讓本土妖異文化的推廣更為順利，通俗易懂。對於臺灣人而言，若以「鬼怪」、「陰靈」之類的名詞來稱呼，其實會讓人忌諱懼怕，避之唯恐不及。相較之下，「妖怪」兩字顯得不那麼可怕，容易親近，也具有更多的可塑性。

種種考量之後，我才決定以「妖怪」作為臺灣妖異研究的統稱詞彙。當然，我並非認為這是最佳、最適當的稱呼。畢竟這個想法立基於我初步的調查，還有很多問題還未深入研究。所以，我更希望的是，能藉由這個想法拋磚引玉，讓「臺灣妖怪」更加雅俗共賞，甚至會有專家提出更完善的論述，讓「臺灣妖怪」被更好的名詞所取代，甚至加深它的概念，進一步建立屬於臺灣的海島奇幻文化。

妖怪面對面：探訪妖鬼神怪的景點

妖怪看似虛幻，其實仍有線索可以追蹤，甚至還有實際的地景地物與妖怪有關。妖怪並非虛無縹緲，他們的真身是鄉土記憶、國族歷史、民俗精神，乃至於都市經驗的累積。

有時候，妖怪誕生於警世故事，因為人們想傳遞生活智慧、道德教訓，於是假以妖怪之名，讓訓誨易於流通。或者有時候，天地之間發生奇妙的異象，超乎想像，於是人們為了理解這些不可思議之事物的原理，就以妖怪說法來解釋。

妖怪的現身，其實來自於人們對於世間萬物的觀察。妖怪並非天生，而是經由人們的命名、假設、創造，因而產生。

換句話說，先有某種「怪異的存在」、「非人的存在」、「常理無法解釋的現象」，所以人們才出現恐懼、敬畏、遠離的心理反應。在長久的歷史演變中，這些「事物、狀態」就被賦予了妖怪、鬼怪、妖魔……等等名稱。

妖怪傳說，等同於鄉土歷史與民俗文化的日積月累。只有在實際的土地上，經由人們內心恐懼的投射，妖怪才會成形。也就是說，妖怪必須在特定的時間、空間才得以存在，並且會與人們的心理狀態產生緊密連結。

對我而言，妖怪與斯土斯民息息相關，這個想法促成我前往臺灣各地去尋訪妖怪景點的旅程。

我無法將這些訪查放入《妖怪臺灣》，因為其書研究範圍限定在一九四五年之前的古代時空，但田野調查其實與現代文化有著血肉相連的關係。因此，我決定將妖怪景點訪查另成一書，即是此書《妖怪臺灣地圖》。我希望能夠藉由「妖怪」這扇窗口，讓讀者更加認識臺灣島的華麗與幽暗；也希望藉由這本書，引起讀者對於本土歷史、民俗的興趣。

不過，當我實際撰寫的時候，遇到了很多困難。後來，我讀了兩本書，才總算找到寫書的方向。這兩本書分別是《圖說：遠野物語的世界》（二〇〇〇）與《京都魔界探訪》（二〇一六）。

石井正己著作的《圖說：遠野物語的世界》，介紹柳田國男書中的遠野風景。柳田國男是日本民俗學的開創者，更是日本妖怪研究的先驅者。他藉由岩手縣遠野鄉流傳的民間故事，考察日本妖怪故事，對後代影響深遠。石井正己是柳田國男紀念館的顧問，他在書中除了詳細介紹柳田國男《遠野物語》提及的一景一物，更輔以當地實景寫真，讓傳說中的妖怪世界顯得歷歷在目。

此外，名古屋大學教授藏田敏明監修的《京都魔界探訪》，我也受益良多。這本書追溯潛藏於古都一千兩百年歷史裡的怨靈與妖魔蹤跡，踏查七十三處幽冥景點，帶領讀者一窺與神怪妖異有關的寺廟、禪院、靈山、奇地。書中搭配景點照片、古畫、古文獻的書影，讓讀者可以按圖索驥，在京都追尋魑魅魍魎的蹤跡。

藉由這兩本書的典範，我將《妖怪臺灣地圖》設定了兩個要點。第一，這本書可以結合「旅遊」與「研究」的面向，避免太過艱深的學術論述，而是要達到通俗、簡介的目標。第二，必須搭配實景照片，讓妖怪景點的風貌躍然紙上，引起讀者對於妖怪傳說更多的好奇心。

在《妖怪臺灣地圖》的篇章中，我便以縣市作為區隔，每個縣市至少挑選一個以上的景點來介紹，希望能理解各地傳說形成的文化脈絡。最後，我挑選六十處「奇景」，撰寫了六十篇文章。

在這些文章當中，有些景點是寺廟、奇案發生地，乍看之下似乎不是我們習以為常的「妖怪」。之所以選擇這些景點來介紹，我希望能將「奇異」的傳說也納入考察的範圍，希望能更廣泛介紹臺灣各地發生的奇譚怪事、傳說軼聞。我並非指稱寺廟中的神明是「妖怪」，我的焦點在於這些神靈所引發的怪異、神異現象。因此，本書的搜奇範圍，事實上包含「妖怪」與「探奇」這兩類故事。

除此之外，我對於「奇景」的定義也很廣泛。我不認為必須是實際的地點才能是「奇景」，就算是電影、繪畫……只要與妖異文化相關，都能是一種特殊的「奇景」。這些不屬於特定地點、難以歸類在某個專屬地點的「奇景」，我視為番外篇，在書中冠上「鯤島奇聞篇」的名目。

我認為，臺灣妖怪文化除了可以從歷史、民俗的脈絡來研究，更可以進一步去思考妖怪文藝創作的可能性。近年來，很多小說家、畫家、文藝工作者試圖以本土妖怪作為創作主題，構築出新時代的本土妖怪文化。事實上，臺灣妖怪文藝，並非近幾年才開始興起。

日本妖怪藝術始於中世紀的宗教繪畫，例如「辟邪繪」、「六道繪」畫出疫鬼、阿鼻地獄景象，這是日本公認的妖怪繪畫始祖。而在臺灣民俗中，我認為「外方紙」與「十殿圖」可能是臺灣妖怪的民間藝術最早的起源。日治時期出版的民間故事書，經常搭配插畫，這些插畫不乏妖怪創作，也值得深入探討。

因此，我在本書也試圖追索臺灣妖怪文藝作品的脈絡，從文學、繪畫、電影、歌謠……等等面向去爬梳古往今來的妖怪創作。

我認為，臺灣一直以來都有妖怪創作的傳統，這些傳統可能分散於文學作品、民俗藝術、書籍插畫、歌謠音樂……等等領域。但是，這些創作逐漸被忽略，甚至被認為不入流，這是很可惜的事情。如今，當我們以「臺灣妖怪」的視角重新去認識這些作品，就會發現這些作品閃爍著燦爛光芒。同時，我們也可以思考，我們能否承繼臺灣妖怪的傳統，並且在新時代說出屬於我們的妖怪故事？

為了推動妖怪創作的多元性格，《妖怪臺灣地圖》邀請了想方子設計工作室的畫家「小G瑋」及成員合作完成本書插畫及美術設計，打造出臺灣妖怪旅行地圖。藉由他們的巧筆妙畫，臺灣妖怪不只擁有栩栩如生的形象，也具體活躍於地圖之上，展示了「妖怪景點旅行」的趣味性。

我希望本書並非只是單純介紹妖怪景點，而是藉由這趟旅行的刺激，與讀者一同思考，臺灣妖怪未來可以前進到多遠的路程？

山海世界，森羅萬象，這座島嶼流傳的妖怪傳說，等著我們繼續述說下去。

北部

中 央 山 脈
N
金雞母
鯉魚潭
石靈宮
蜈蚣精
鄭崇和墓
新 竹
苗 栗

基隆
魔神仔洞
基隆港
臺北
老公祠
劍潭
蟾蜍山
大稻埕
白馬莊
鶯歌石
桂竹林
新北
桃園

奇景一 劍潭幻影中的魚精與龍怪

妖精講古

基隆河流經大直山麓，河道急彎，形成潭池般的景致。水深且闊，易聚靈氣，不知何時孕育出一尾碩大魚精，依靠天地之氣而存活。

某年，國姓爺行軍至大浪泵社，被此河阻隔去路。倏然，風旋浪滾，翻騰的河水瞬間淹沒先鋒部隊。原來魚精正在吸納自然靈氣，吞吐之間就捲起狂波怒濤。

國姓爺瞥見巨魚，氣憤填膺，決心屠魔衛道。他高舉寶劍，向魚精擲射而去。魚精受劍創傷，一命嗚呼。此後，寶劍遺留水底，每逢黑夜就發出紅光。劍光朱冷，彷彿仍輝映著那一日魚血染紅整片大河的景象。

日治時期的書籍《臺灣地方傳說集》（一九四三），畫家鳥羽博描繪國姓爺擲劍降伏劍潭魚精。

探查筆記

若要排名臺北奇譚的知名度，國姓爺殺魚精的傳說，肯定名列前茅。據說，這也是劍潭名稱的由來。

但其實，劍潭傳說一開始並無魚精。十八世紀纂修的《諸羅縣志》，只有說荷蘭人插劍於潭邊之樹，才有劍潭稱呼。

劍潭有怪物的傳言，可能直到十九世紀才逐漸成形。清朝詩人陳維英在〈劍潭夜光〉提及水底有劍也有龍，當時的文人也習慣在詩歌中想像劍潭龍影。也許此時傳說開始變異，樹中的寶劍被認為掉落於水底，甚至因為劍有靈氣，而被人們幻想為龍，或者寶劍能屠龍。

日治時期的民間文學，開始談論劍潭魚精。很有可能原先寶劍與龍的幻想，逐漸演變成國姓爺以寶劍屠殺魚精的情節。同時，民間也有傳聞，國姓爺當初斬殺的怪物，其實是蛟龍。

如今，劍潭有龍怪、魚精的說法仍盛行，不過卻是魚精故事最為通俗，甚至衍生出魚精乃是「鯉魚精」的新說法。劍潭傳說，經過數百年來的「加油添醋」，顯得更加神祕。

為了找尋古劍潭，我從大龍峒的圓山捷運站出發。大龍峒，舊名「大浪泵」，昔時是凱達格蘭族居住地。儘管史實中的國姓爺並未到臺北，不過我卻踏著傳說中的北征路線，前往劍潭，想要感受一些繪聲繪影的傳奇氛圍——如此期待，當然只是白日夢。現今的臺北街道車水馬龍，早就想像不出故事裡驚心動魄的畫面。

我沿著中山北路三段往北走，可以抵達基隆河。河上有中山橋，過橋之後往東走，就會來到河濱公園。這座公園，曾矗立聲名遠播的劍潭古寺。據說有一隻紅蛇在此地擋住普陀僧人去路，僧人心有所感，便在此地募資建寺。現今此處青草茵茵，民眾正在跑步、遛狗，儼然成為市民休閒地點。

日本時代的劍潭與劍潭寺。

❶劍潭現貌。
❷劍潭舊址碑。
❸劍潭寺廟旁花園藏有劍潭原寺中的題詩石碑，李學樵書寫陳登元遊劍潭之詩，詩中之句「**擲劍寒潭裡，蛟龍不敢騰**」，似乎應證十九世紀已有寶劍鎮龍的傳說。
❹大直的劍潭古寺門口。
❺寺廟旁的花園，藏有咸豐年間的奉憲示禁碑，儘管碑文因為磨損而難以辨認，但可以從臺大圖書館典藏的拓本瀏覽內文。

曩昔的寶劍紅光、擋路紅蛇，皆如幻影，唯剩山丘上的圓山飯店紅色樓閣，高聳青空之中。

儘管往日風華不復，我仍想追尋更多蛛絲馬跡。我搭上捷運，前往劍潭古寺在大直的新地點。日治末期，位於劍潭山上的臺灣神社需要擴建，就將劍潭寺另遷到大直。許多原寺古物收藏在新寺旁的花園，例如有一塊題寫「奉憲示禁」的舊碑，刻製於咸豐二年（一八五二）。碑文雖損壞難認，但臺大圖書館典藏一份名為「嚴禁剖鑿石條殘害劍潭寺龍脈碑記」的拓本，是在一九四五年從帝國大學接收而來的物件。雖臺大資料庫標明原碑早已不存，但我聽聞有人推測大直劍潭寺舊碑即是原碑，只是尚未證實。

我特地拍攝此碑照片，之後再以電腦影像比對拓本與舊碑各處字跡。兩者幾乎一致，應能斷定這就是原碑。至於此碑文字，十分有趣，節錄數句：「……該地奸民希圖獲利，橫將寺後龍身行節處所，剖取石片，殘害龍骨……」大意是說，劍潭是龍身，有工匠在寺後剖鑿石條，毀壞風水，所以淡水同知特地立碑禁止。雖然龍脈說法是風水玄談，但藉由古碑的存在，似乎也為劍潭有龍的傳說，添上了一筆「官方認證」？

傳說總是荒誕，或許歷史也同樣荒誕。雖然昔日立碑禁止戕傷廟地，但日人為了擴大神社規模而迫遷古寺，之後國民政府順理成章剷除神社，改建圓山飯店，高速公路的高架橋也在此地興建。每個人都想在劍潭占有一席之地，來來去去之間，不管有龍無龍、魚精是否還在，劍潭依舊波光閃爍，光彩不定，迷惑眾人眼眸。

尋幽線索

- **劍潭遺址碑**：八二三砲戰紀念公園、北安路附近的牆面。
- **劍潭古寺**：臺北市北安路八〇五巷六號（劍南路捷運站1號出口）。

奇景二 月裡：大稻埕的古井魔女

妖精講古

據說在十九世紀，中國安溪縣有一對夫婦，男子名為周成，女子名喚月裡。因家鄉窮困，周成只好前往傳說中「錢淹腳目」的臺灣島，想要開拓新天地。但周成一去不返，月裡日思夜想，決定攜子登舟，前往大稻埕找尋深愛的夫君。

豈料周成早已飛黃騰達，經營茶行致富，再娶青樓美妓郭仔麵，不願跟糟糠之妻相認。郭仔麵則聯合惡僕，在豬肚蓮子湯摻入毒藥，毒殺月裡，甚至將她的屍身丟入古井之中，企圖毀屍滅跡。

但月裡怨魂不散，向地府閻王哭訴受冤。閻王心生憐惜，便讓月裡亡魂返回人間，完成復仇心願……

竹林書局發行的歌仔冊《周成過台灣歌》的封面與內頁。

探查筆記

連曉青編著《清代臺灣三大奇案》（一九五五），分別是「林投姐」、「周成過臺灣」、「呂祖廟燒金」。我小時候很懼怕林投姐的故事，也對呂祖廟衍生的俗諺「摃籃假燒金」略有耳聞，不過卻對「周成過臺灣」沒有印象。

古井魔女

與我同輩的朋友們，也幾乎未聽聞此傳說。

等我進入研究所後，我才知道這則故事，並開始研讀相關文本。原來這是以往極為熱門的奇案，在日治時期曾改編為歌仔戲，戰後也有電影、電視劇的版本。我也發現，這個故事不只牽涉神怪，更反映了臺灣移民文化、大稻埕茶葉貿易的歷史。

一九五六年，電影《周成過台灣》在《民聲日報》的廣告，報紙宣傳寫「**月裡慘死含冤情，地府告狀過刀山**」。

一九八七年，張純芳、陳觀泰合演的《周成過台灣》電影海報。

我對這個故事越來越好奇，甚至想像出衝擊力十足的畫面：沉入井水的女屍、冤魂從井口現身……喜愛日本鬼片的觀眾，肯定難忘貞子爬出古井的畫面，其實在臺灣也有與井相關的女鬼，即是周成之妻——月裡。

民間故事裡，井口經常是殺人或自殺的著名景點。例如蛇郎君故事，大姊將小妹騙至井邊，再將對方推入井中，達成殺人陰謀。澎湖七美之由來，據說曾有七位女子投井自盡。當然，古井女鬼並非只能憑空想像，在一九八七年上映的電影《周成過台灣》，結尾便是女鬼從井底飛出，向壞人復仇。

為何井口常常與死亡連結？或許因為深井幽暗，讓人聯想這是連接陰間的通道。井洞一體兩面，它不只賜與甘水，同時也暗藏危機，一不小心就會跌入萬丈深淵。在周成故事中，似乎也暗示月裡靈魂會經由井洞進入地府。

若想尋找當時埋屍的古井，是否可能？

民間傳言棄屍之井就在周家之中，而周成據說就在朝陽街開設茶行，很有可能古井位於朝陽街附近地區。如今滄海桑田，朝陽街已納入民生西路的一部分，大稻埕街景也物換星移，難覓蹤跡。更何況，此奇案尚有諸多可疑：

❶迪化街傳統街屋中的古井，井內長有青苔，水質清澈。

❷日治時期的大稻埕，位於淡水河岸。照片出自《臺灣紹介：最新寫真集》（一九三一）。

❸民生西路上的新芳春茶行，創建於一九三〇年代，見證了日治時期大稻埕茶香榮景。新芳春茶行雖然與周成故事毫無關係，但對照古地圖，就會發現這座茶行位於昔日的朝陽街，這條街道就是傳說中周成開設茶行的街道。以前朝陽街是茶行林立之處，很有可能才成為民間傳說附會之地。

男女主角真的名叫周成、月裡？他們真的來自安溪？男主角曾在大稻埕開設茶行？棄屍井中是否屬實？

我認為，此奇案在傳述過程中，反覆經過調整、修飾，只是為了讓傳說能呼應歷史情境。也就是說，人們為了讓傳說顯得「更加真實」，會以史實填補傳說中的空白。這並非是一種錯誤，我反而認為傳說與歷史相互纏綿，更能彰顯民間文學的蓬勃生命力。

為了探查這個傳說，我的目標初步鎖定在「井」。不論棄屍井中是否真有其事，我想先知道大稻埕街屋之內是否會有水井的設置？走訪過程中，我確實在迪化街某處傳統街屋建築，見到位於天井（無屋頂的中庭）之內的百年古井。此建築目前作為文創市集的場所，根據工作人員的說法，此古井的水位會依潮汐變化而升降。

雖然證實了大稻埕早期街屋設計，可能會在屋內挖一口井，但我仍懷疑郭仔麵將屍身棄入井中的真實性。據竹林書局歌仔冊所言：「**身屍旦落古井內，用此辦法無人知。旦落古井廣大概，閣再用塗仝伊抬。**」也就是說棄屍之後，甚至還用土泥將井口封住。若照此敘述，那麼棄屍之井很有可能不在屋中。因為若是平時會從屋中井口汲水，可是卻棄屍其中並且封埋，於理不合。

因此，可以推想出兩種可能性：其一，棄屍古井只是杜撰，並無此事。其二，埋屍之井位於屋外。若是第二種推論，那座古井肯定位於大稻埕外圍偏僻地區，才能毀屍滅跡不被人察覺。

傳說與史實之間糾纏夾雜，難辨虛實。不過，這也是鄉野奇譚引人入勝之處。

尋幽線索

臺北市民生西路：昔日的朝陽街，傳說周成在此開設茶房。

奇景三　臺北的蟾蜍精與降妖者

妖精講古

時常食人的並非斯芬克斯（Sphinx），而是本島的山峰。本文中所述之蟾蜍山即為一例。此蟾蜍山，位於臺北附近的總督府農事試驗場正後方，形似蟾蜍。而其正是令人聞風喪膽的妖怪。

事情緣起於久遠以前，某富戶家有一子名劉海，秉性正直，每每感嘆世風日下，道德淪亡。他苦口婆心，欲以一己之力挽回末世風俗流弊，此念卻遭世人視之如敝屣。劉海在悲嘆之餘漸漸生出心思，欲逃離眼前凡塵俗世，至神仙所居極樂世界。他故而離家，四處尋找何人可引領自己前往神仙世界。

沿途恰巧遇見一名百姓，劉海便問道：「可知仙人居所何處？」卻不知此人實為人盡皆知的流氓地痞，剛賭輸了囊空如洗，聞言欲自劉海處詐得酬資，便應道：「知則知矣，何以酬之？」劉海坦然答道：「願酬以一半家產。」黑心狡詐的地痞見計得售，更與其約定於某日某地再會。至再會之日，劉海前往約定處所，只見眼前一片深不見底的溪谷，旁邊聳立一株老松。便照引領者所言，將繩索縛住全身，又閉上雙眼。此時地痞爬上松樹，以繩索將劉海拉起，繼而往看好的方位一放，便將劉海扔下深達數十丈的谷底。然而劉海卻並未因此溺斃，反倒眼見一道雲霧自水中冉冉升起，其魂魄也隨之升天，遨遊於神仙世界，最終成為大八仙中一人而受尊崇。

蟾蜍精

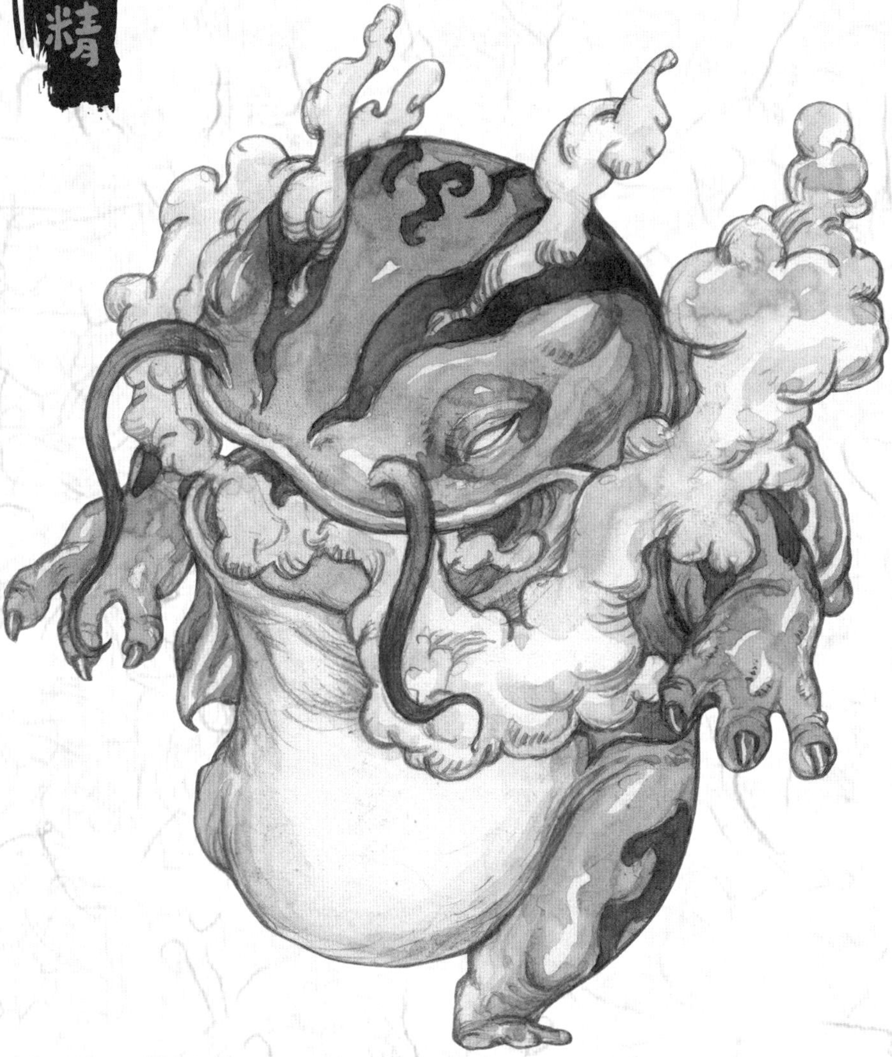

而後地痞再度將所獲不義之財輸得淨光，便欲依樣畫葫蘆，試試能否亦幸而成仙。他不自量力地從樹枝上往谷底飛身一躍，卻於中途撞上山岩，不只全身受了重傷，更斷了一條腿。此人未能成仙反化為蟾蜍精，這蟾蜍化身後即為蟾蜍山。其後凡路經於此者均一一為其食之。終至全村皆遭吞食殆盡，漸而人煙絕跡。

——一九一五年五月二十一日，《臺灣日日新報．傳說之山：食人山（蟾蜍山）》（謝宜君譯）

探查筆記

臺北的公館有一座蟾蜍山，據說山形猶如蟾蜍蹲姿，故有此名。但也有傳言，此山棲息著蟾蜍精。現代流通的故事，會說劉海是一位仙人，他曾經站在仙跡岩，收服了蟾蜍精。

不過，公館蟾蜍精的故事並非只與劉海相關，民間另有傳言，當初與蟾蜍精鬥法者，乃是呂洞賓。《兒童文學故事選集》（一九八九）摘選邱傑的文章〈仙跡岩與蟾蜍山〉，降妖者則成為李鐵拐。至於王一剛（王詩琅）、吳瀛濤的文章，反而講述鄭成功是制伏妖怪的英雄。據說鄭軍途經此地，發現山中的蟾蜍精吐出毒煙，於是鄭成功就使用大砲「龍碽」轟擊這隻可惡的精怪。此後，蟾蜍精奄奄一息，直至日人在公館開路，將蟾蜍精的腳切斷，精怪才終於死去。

根據這些不同版本，降伏蟾蜍精的英雄，可能是劉海、呂洞賓、李鐵拐、鄭成功……這些人物。若考據公館曾有原漢爭鬥的歷史，作為害人魔物的蟾蜍精，或許是原住民在漢人傳說中被妖魔化的展現？

在現代的時空下，蟾蜍山早已褪去昔日的精怪色彩。走訪山腳的煥民新村，許多老屋正在進行社區營造的展覽，這是「好蟾蜍工作室」努力經營當地的成果。日治時期，蟾蜍山設有農改場、農試所，國民政府來臺之後，改

❶站在景美仙跡岩親山步道，遠眺公館的蟾蜍山。

❷右方裸岩即是印有仙人足跡的仙跡岩，遠方山丘則是蟾蜍山。

❸蟾蜍山近景，山腳是煥民新村。

❹青山宮正門，據說此地曾有蟾蜍精作祟，後來被靈安尊王降伏。

❺蟾蜍山附近的辛亥隧道，經常流傳鬼故事的靈異地點。

❻除了景美有仙跡岩，另外在澎湖望安也有仙人留下足印的傳說。據說此腳印是呂洞賓留下，因為他一時內急，在望安與花嶼之間跨腳出恭，並在天台山留下仙腳印。

為空軍作戰指揮部，並且設立眷村。二〇一三年，眷村面臨拆除危機，經過好蟾蜍工作室與藝文界人士的保存行動，煥民新村獨特的山城景觀才獲得保留。

除了蟾蜍山之外，其實臺北還有另一隻危害人畜的蟾蜍精。據說在咸豐年間，艋舺的番薯市街（日治時期改名「歡慈」，今日則是「貴陽街」）有一家商戶中的水井，出現一隻蟾蜍精，作祟當地。幸好，來自惠安的靈安尊王神力無邊，順利鎮壓這隻精怪。咸豐六年（一八五六），經過地方百姓商議，便在水井處新建青山宮，供奉靈安尊王。王一剛在〈臺北傳說九則〉（一九五八）曾寫到：「**據說那口水井是在青山宮的後落，後來也一直保存沒有填毀。**」我實際走訪青山宮後殿，並沒有看到古井的存在。不過後殿曾經改建，也許水井因此被填埋？但是，當我詢問宮廟管理人，廟方卻說古井的位置其實在正殿的神座之下，早已埋在地底。究竟真相如何，只能等待進一步的考察。

今日，青山宮是艋舺人的信仰中心，每逢農曆十月的「艋舺大拜拜」，青山王繞境遊行，總是信眾無數，熱鬧非凡。無論蟾蜍精是否還被鎮壓於井內，想必靈安尊王與蟾蜍精鬥法的民間故事，仍然會被人們津津樂道，繼續流傳下去。

尋幽線索

- **公館蟾蜍山廣場：**捷運公館站2號出口，經過公館圓環，轉入羅斯福路四段一一九巷。
- **景美仙跡岩：**捷運景美站2號出口，經過景興路，路上有仙跡岩的入口牌樓。
- **青山宮：**臺北市萬華區貴陽街二段二一八號。

奇景四 老公仙祖：獻祭十四份埤的守護神

探查筆記

臺北內湖區的大湖公園，前身是「十四份埤」，據說曾有活人祭的過往，甚至有一座小廟「老公祠」，紀念這段犧牲人命的歷史。

十四份埤，或名「十四份陂」。「埤」與「陂」都是大池塘的意思，尤其是作為灌溉用途，特意挖掘而成的儲水池。據說，昔日挖鑿十四份埤的過程中，曾以一名老乞丐的生命作為代價，才讓這座水利設施順利完工。

我走踏當地，拜訪大湖公園東南角的兩座廟祠「福佑宮」與「老公祠」，並且有幸認識廟宇管理人朱先生。據他所言，供奉土地公的福佑宮較早興建，老公祠則是祭拜為了築埤而犧牲的老乞丐。聊天時，有一位當地民眾陳先生也一起加入討論。

陳先生於一九四二年出生，已經七十六歲，從小就居住在十四份埤附近。他回憶從前，周遭皆是農田，仰賴這座埤塘灌溉。他也經常在埤中游泳，或者是在清澈的圳溝裡捕捉魚蝦蛤貝。至於埤圳的開鑿過程，陳先生向我說明當地流傳的獻祭軼聞：

當初興建十四份埤，先人費盡苦心，但是築好的土堤卻經常崩毀。為了讓工程可以順利進行，才想出活人祭祀的方式。他們派人到龍山寺附近，找到了一位年紀老邁的乞丐。他們向老乞丐說明緣由，並與對方約定，三年內願意負擔老乞丐生活所需，讓他衣食無慮。只不過，三年之後，老乞丐的生命必須為了埤塘而犧牲。三年過後，老乞丐如約獻祭，水利工程終於順利進行。據說老乞丐埋身之地就在埤頭，也就是這座埤塘東南邊的角落。後來，眾人就蓋了這座老公祠，作為紀念。

陳先生解說的故事，與目前網路媒體、新聞報導的說法略有不同。陳先生說老乞丐乃是自願犧牲，當地人也盡心善待對方。而網路、新聞則未提及老乞丐是否自願，並且說老乞丐只被招待數日，便被活埋。

傳說軼事，真假難辨，傳述的過程中也會產生不同的版本。不過，十四份埤的興建，確實有史可考。根據日治時期編著的《臺北廳誌》（一九一九），內湖地區的「十四份圳」，由十四份埤與公館埤所組成，可以灌溉新里族庄附近一百九十六甲的農地。這座埤圳，最早是在乾隆年間創設，由林姓家族負責管理，直到明治四十年（一九〇七）才劃定為公共埤圳。

在傳說中，之所以要去龍山寺附近找尋老乞丐，也有道理。因為清國時期，艋舺就是乞丐聚居之處，道光年間甚至發展出「乞食寮」的組織，又以龍山寺街的「頂寮」與料館口街的「下寮」最為知名。藉由這項史實，獻祭傳聞又增添了一份可信度。

此外，林良哲為臺中人董阿不撰寫的傳記《五角新娘》（二〇一一），提到一種名為「放水路」的傳統民俗，也與獻祭水圳有關。書中講述，早年水圳開闢完成之後，需要執行「放水路」，也就是初次引水灌溉時，要買一個貧困人家的男童，讓他站在水圳中。等到水門打開，男童就要奮力逃命。如果不幸溺死，就是命運如此。如果男童跑完整個水圳的水路都安然無恙，則是天公保佑，水圳主人要送給男童一塊土地，作為報酬。

❶大湖公園的錦帶橋，湖光水色，風景優美。後方是白鷺鷥山，根據昭和八年（一九三三）發行的《內湖庄庄勢一覽》，當時北面山坡是白鷺鷥棲息之地，遠遠眺望，滿山猶如繽紛的白牡丹點綴其間，美不勝收。陳先生講述地方軼聞時，也提及昔日山上白鳥群飛之景，印證文獻所言。如今因都市開發，生態環境不如以往，早已難見此景。

❷老公祠今貌。廟柱題寫：「**青山碧玉源源進，麗水黃金滾滾來。**」廟壁對聯：「**長者里民敬，老公眾共欽。**」中聯則是：「**考古留存跡**」。

❸廟祠內，供奉兩座書寫「老公神位」的神牌，一新一舊。

❹大湖公園東南邊的水池一角，大樹後方就是「福佑宮」與「老公祠」。據說老乞丐埋身處就在附近。

❺大湖公園東南邊除了有「福佑宮」與「老公祠」，另外也有一間「黃石公廟」，祭拜一顆巨大石頭。傳說此石從山上滾落，石體有黃色斑紋，曾經有人見到石上出現一名黃衣老者，故名「黃石公」。另外也有傳聞，黃石每年都會變大。

不論是「放水路」，或者是十四份埤的乞丐獻祭，似乎駭人聽聞。但是，也能從這些儀式，深刻體認到傳統農業社會視水源為命脈的心理。

今日，大湖公園是當地民眾休閒去處，但因為十四份埤的獻祭傳聞，網路流言紛雜，也有不少人將大湖公園視為靈異之地。尤其在二〇一七年，大湖公園傳出至少七起女性落水事件，電視節目因此捕風捉影，揣測是否亡魂作祟。

不過，對我來說，實際走訪當地，並未如傳聞般陰森。大湖公園的園區規劃完善，也有無障礙設施。湖面設置生態浮島，提供野鳥棲息，也能讓魚類產卵覓食。尤其聽到當地人陳先生講述的故事，與我在新聞報導中感受到的恐怖氣氛截然不同，陳先生的語調反而洋溢著對於老公仙祖的敬佩。在老公祠的神位旁，也有鄉民感謝老公祠福佑四方的祝詞與鮮花，可見當地居民對於老公祠的存在，並非畏懼，而是感念著老公仙祖的恩德護佑。

無論當初老乞丐殉身是否自願，或者被迫，老公仙祖已經成為當地的守護神，庇佑信眾安康，並且也是十四份埤興建過往的重要歷史見證。

尋幽線索

老公祠：臺北市內湖區成功路五段三十五巷，大湖公園東南側，靠近白鷺鷥登山步道口。

新北

奇景五　鶯歌的妖鳥傳說

妖精講古

據說國姓爺曾經率軍征伐臺灣各地，來到北部深山時，黑霧瀰漫，霎時昏天暗地，無法分辨前路，士兵紛紛走散。不只如此，黑霧有毒，許多人都倒地不起。

眼見軍容潰散，國姓爺只好重新整隊，下達命令，趕緊逃離這陣恐怖毒霧。走了好幾個時辰，眼前的黑霧終於比較稀薄，鄭軍總算離開詭異煙霧的範圍。這時抬眼一望，山腹有一顆巨大的岩石，形狀如同妖鳥，才知道這就是傳說中會吐毒霧的「鸚哥石」。

國姓爺怒火中燒，砲擊鸚哥石，打死了妖鳥。而在鸚哥石附近有一座鳶山，也是會吐毒霧的妖鳥，國姓爺也向這隻怪物砲擊，一併收拾了這兩隻妖怪。

探查筆記

清國時期，《淡水廳志》記錄了鶯歌石與鳶山的傳說：「**鶯哥山：在三角湧，與鳶山對峙。相傳吐霧成瘴，**

偽鄭進軍迷路，礮斷其頸。鳶山：即飛鳶山，在三角湧，偽鄭亦礮擊其尖，斷痕宛然。」臺灣民間傳言，鶯歌石與鳶山是兩隻恐怖的妖怪，會吐出毒霧，禍害當地。後來國姓爺率軍北上，途經兩妖占據之地，雙方激烈對戰，最後國姓爺向兩妖開炮，成功除妖。

國姓爺殺除鳥妖，當然只是憑空杜撰的民間傳說。因為國姓爺占領臺南之後，不久就病死，不曾親自率軍北上，因此臺灣各地的國姓爺除妖故事都是穿鑿附會。不過，為什麼這麼多的除妖故事，都會將國姓爺當作英雄人物？這些故事中的妖怪，真的存在嗎？鶯歌的鳥妖傳說，也許能作為考察的一種面向。

鶯歌的地名由來，源自於此地的山上有一顆巨大的「鸚哥石」。歷史上對於這顆石頭有各種解釋，有人說異石像鸚哥，也有人說此石像老鷹，總之就是一種鳥形的妖怪。古書記載，此石能吐毒霧，如果靠近觸碰，就會死亡。或許，這顆石頭周遭以前曾經是地底沼氣、毒氣散發之處？久而久之，人們就傳說這顆石頭能吐毒霧，又因石頭形狀如鳥，而被認為是鳥妖。

除此之外，賽夏族的遷徙歷史傳說，也能提供鳥妖故事另一種解釋。根據趙金山整理的《賽夏族族譜彙編》（二〇一一），賽夏族的夏姓家族以前住在大溪地區（鄰近三峽、鶯歌），後來鄭成功來了，他們曾與對方發生流血衝突。賽夏族人會躲在石頭後面，將路過的漢人都殺掉，久而久之，漢人就認為妖怪作祟，甚至用大砲把石頭的「鳥嘴」打斷。

若要解析賽夏族這則口傳故事，「鄭成功」應該只是漢人的代稱。自從國姓爺在臺南建立政權，眾將士就到臺灣各地屯墾。漢人開發土地的過程中，當然會與原住民發生戰事。原漢衝突的過程應該非常慘烈，雙方皆有死傷，缺乏強力武裝的原住民，可能只能節節敗退。當這些原漢衝突的歷史記憶轉化為鄉野傳說，很有可能原住民就被「妖魔化」，成為漢人口中的「邪惡妖怪」，而國姓爺則被「神格化」。人們相信，國姓爺的神力必能擊潰這些

❶我走訪鶯歌石的時候，正逢午時，陽光折射之下，巨石彷彿瀰漫一片霧氣。
❷鶯歌石洞中有神像。
❸鶯歌石的腹部有許多洞，看起來彷彿經歷砲擊。若曾有砲擊，比照洞口的「彈道痕跡」，砲擊應該來自東南方。

恐怖的「怪物」。

鶯歌的妖鳥故事，立足於國姓爺的「英雄事蹟」。不過，我們若能重新以其他角度來解析這則傳說，或許也能反思國姓爺除妖傳說的多元面向。

尋幽線索

- **鶯歌石：**可以從新北市的鶯歌石登山步道爬上去，此步道其中一個入口位於北鶯公園附近。
- **北鶯公園：**新北市鶯歌區中正一路四〇一號。

新北

奇景六　菁桐古道的魔神仔洞

探查筆記

魔神仔，大名鼎鼎的臺灣妖怪，在民間流傳已久。如果人類闖進山林，很容易被魔神仔捉弄，迷失方向，甚至被「牽」去不知名的地方。失蹤者被找到的時候，嘴裡可能塞滿牛糞、泥土、蚱蜢……等等穢物。遭遇魔神仔的人，對於魔神仔的形象有各種說法，有的人說魔神仔像小猴子，有人說魔神仔身體青綠，甚至可能穿紅衣、戴紅帽。不過，最一致的說法則是說魔神仔身材矮小。

儘管魔神仔只是鄉野怪談，但因為新聞媒體只要報導登山客迷路失蹤，經常提及魔神仔，使得魔神仔的名聲越來越響亮。經過新聞、網路等等方式推波助瀾，魔神仔成為今日臺灣人普遍熟知的山中精怪。

魔神仔的學術研究，首推林美容、李家愷合著的《魔神仔的人類學想像》（二〇一四），此書前身是李家愷的碩士論文《臺灣魔神仔傳說的考察》（二〇一〇）。這兩部論述都以多年的田野調查為基礎，同時爬梳古文獻，追索魔神仔傳說的蛛絲馬跡。根據李家愷的調查，臺灣最早在一八九九年的《臺灣日日新報》就有魔神作祟的事件。

臺灣魔神仔的形象是什麼？淵源為何？一直以來，關於魔神仔的故事眾說紛紜，難以釐清真相。但是，林美容、李家愷將魔神仔怪談抽絲剝繭，總算讓虛幻的魔神仔產生了學術化的「實體」。他們的調查，建立了臺灣妖怪研

魔神仔

究的重要典範。

儘管魔神仔的行蹤飄忽，不可能想見就見，但其實常常有地名會冠上「魔神仔」的名號。根據《魔神仔的人類學想像》的調查，臺北、新北、臺南都有地名與魔神仔相關。其中，又以平溪菁桐古道的「魔神仔洞」最為知名。

我對菁桐古道的魔神仔洞仰慕已久，卻遲遲沒有造訪。我以為魔神仔洞位於深山，很難輕易抵達。等到實際走了一遭，我才發現魔神仔洞的登山路線沒有想像中的困難。

通往魔神仔洞的路上都有指標，山徑也有石階梯、橋梁可以走。從菁桐車站出發，經過菁桐坑登山口，只需要走大約二十到三十分鐘的路程，就能順利抵達目的地。儘管如此，古道仍屬偏僻，山路可能會有蛇蟲出沒，小徑泥濘濕滑，建議還是備齊登山裝備再爬山，會比較安全。

其實，菁桐古道的魔神仔洞有兩處，這兩處距離不遠，分別位於岔路的兩端（由菁桐坑登山口往上爬會遇到的岔路）。

其中一處，洞口前安置一個木柱，上面寫著「魔神仔洞」四個大字。另一處的魔神仔洞，洞口前沒有任何說明物，只有在岔路的指路木牌有標示魔神仔洞的方向。不過，怪異的是，有木柱的那處洞口，指路木牌只有標明「三坑山」，並沒有寫到魔神仔洞。因為兩處洞口分別有木柱、指路木牌的標示，所以我認為這兩處應該都能稱為魔神仔洞。

魔神仔洞名稱的由來，根據李家愷調查，有兩種可能：其一，昔日行走古道的人會在此洞中過夜，山下人們常打趣地說他被魔神仔捉走，其實人只是安睡洞中，因此洞口就被稱為魔神仔洞。其二，此地常起霧，霧氣朦朧，魔神仔容易出沒，此洞故被稱為魔神仔洞。

魔神仔洞是天然形成的嗎？實際觀看這兩處洞口，人工痕跡非常清楚，很明顯這是人造的洞口。平溪曩昔是礦

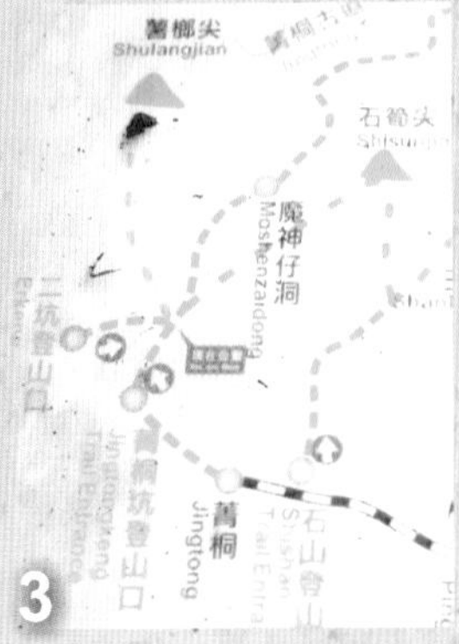

❶在白石里遙望菁桐，橋下是基隆河，對岸有一座用玻璃帷幕、鋼條構成的建築，即是「天燈派出所」。只要越過派出所後方的山丘，就能抵達魔神仔洞。
❷菁桐古道的標示牌。
❸沿路有石筍尖登山步道的地圖，圖上標明魔神仔洞。
❹山路旁，有時會有廢坑口，應是礦業遺跡。
❺山路會有山友懸掛的登山布條。
❻岔路口的指路木牌，一邊寫「三坑山」，一邊寫「魔神仔洞」，兩邊都有魔神仔洞。
❼指路木牌引導的魔神仔洞，深不見底。
❽往三坑山方向，可以抵達寫有「魔神仔洞」的木柱的洞口。
❾木柱後方的魔神仔洞，一眼即可望穿。

業發達之地，所以有一個說法是，魔神仔洞是礦業留下來的遺跡，也許是輕便鐵道的路線，讓臺車可以通過。不過，這些洞口都偏小，臺車能否順利通過，我無法肯定。也許，魔神仔洞只是方便人們穿越山丘的小通道而已？但是，這些說法都沒有更進一步的證據可以佐證。

魔神仔洞的真相，仍然隱藏在迷霧中。

尋幽線索

魔神仔洞：位於菁桐古道，可以由菁桐車站出發，從菁桐坑登山口往山上走，遇到岔路時，會有新北市政府設置的指路木牌。往三坑山的方向，可以抵達寫有「魔神仔洞」的木柱的洞口。往魔神仔洞的方向，則能抵達另一處魔神仔洞。

基隆

奇景七

基隆七號房慘案

探查筆記

日治時期，基隆曾發生恐怖的殺妻案件，經過民間傳說的渲染，俗稱「七號房慘案」。

這件慘案發生在一九三四年，總督府交通局書記吉村恒次郎殺害了妻子宮氏，甚至將她分屍，把屍塊放入石油罐中，再搭上基隆港的小船出海，將石油罐拋棄在基隆外海。吉村恒次郎和基隆高砂公園內的飲食店「綠庵」廚房幫傭屋良靜有私情，甚至與她產下一女，因此宮氏非常怨恨屋良靜。後來，吉村恒次郎與屋良靜生下的女兒意外死亡，屋良靜懷疑宮氏有嫌疑，為了報仇，她慫恿吉村恒次郎殺害其妻。

兩人犯案，本以為神不知鬼不覺，不過行兇當晚，正巧有人經過吉村恒次郎的住屋，聽到婦女喊叫之聲。他們以為又是夫婦吵架，不以為意，後來竟然不聞吉村妻子消息，才驚覺事情不單純。警方逮捕了吉村恒次郎與屋良

日治時期的基隆港樣貌，照片出自《臺灣紹介：最新寫真集》。

靜，並在白燈塔附近海底撈起裝屍的石油罐。最後，吉村被判處死刑，屋良靜判懲役十五年。

這件慘案引起社會譁然，報紙詳細說明辦案進度，民眾爭相抽取法庭的「旁聽卷」。吉村殺妻分屍案，經過口耳相傳，增添了冤魂靈異的說法，甚至給予創作者靈感，電影、歌仔冊、電視劇都曾經以此事作為題材，擁有「鬼片之王」名號的姚鳳磐也據此發想電影《殘燈・幽靈・三更天》。其實，這些改編作品都與原案略有不同，甚至說兇手棄屍之前所居住的旅館房間是「七號房」。根據新聞報導的資料，並無「七號房」這個地點，有學者推測這是民間傳聞所添加的細節。

「七號房」這個名稱難以考證來源，也許因為吉村恒次郎的住家位於基隆天神町九七番地？若要探查七號房的地點，應是徒勞無功。因為這個地點很有可能是杜撰出來的虛構之地，目前有些網路媒體繪聲繪影說忠三路某地就是七號房舊址，這是錯誤的說法。若比對古地圖，就會發現此地在日治時期其實是高砂町的高砂公園，絕非兇手吉村居住的天神町。會有這種誤差，很有可能受到改編作品的誤導，也有可能因為共犯屋良靜曾經在高砂公園的飲食店服務過，才會以訛傳訛？

基隆奇案其實不只吉村恒次郎殺妻之事，根據基隆市文化局出版的《基隆市民間

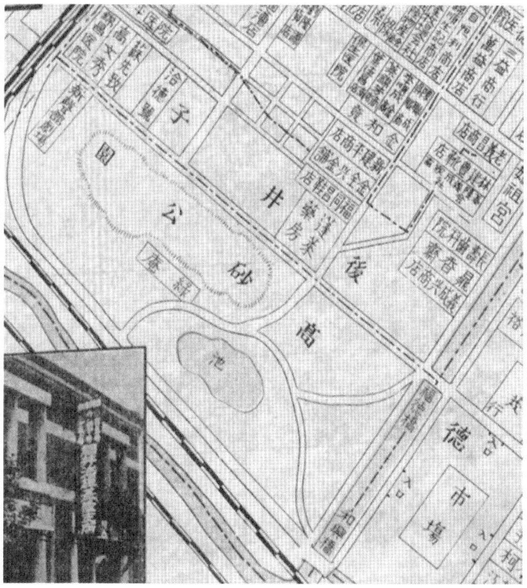

日治時期的高砂公園地圖，可見飲食店「綠庵」位於公園中央。根據《基隆市民間文學采集（二）》（二〇〇一），鄉民傳言高砂公園有一座「蟾蜍穴」，這是一個石洞，石洞就是蟾蜍精，它會吃蚊子，所以基隆以前沒有蚊子。不過後來蟾蜍穴底部石塊塌陷，蟾蜍嘴巴合不緊，蚊子才能逃走，從此之後基隆才有蚊子。

1

2

❶基隆港今景。

❷吉村恒次郎先以毛巾悶死宮氏，再將屍身裝入帆布袋，雇請人力車將帆布袋運到屋良靜家中。吉村恒次郎居住地其實是地勢有點高的山坡地，路徑狹窄，當初搬運宮氏而不被人發現，可能需要花費一番功夫。

❸吉村恒次郎住屋舊址是天神町九七番地，經過今昔戶籍地址的對照，我按圖索驥前往舊址探查，照片中左方被密林遮蓋的道路，可能就是通往吉村住家舊址？

3

文學采集（三）》（二〇〇五），書中記錄一句俗語：「**牛奶寮仔苦力，人肉豬菜个慘案**」，這句話描述了當地發生過「人肉拌豬菜」的恐怖事件。據說以前牛奶寮住著一位碼頭工人（苦力），他有一天看到陌生男子睡在床上，認為妻子偷情，就將陌生男子殺死，妻子則冷靜地將屍體拖往廚房肢解，將屍塊混入番薯葉、餿水之中，餵給豬吃。據說碼頭工人直到臨終時，才將此事說出來。

尋幽線索

基隆港：鄰近基隆車站。

桃園

奇景八 石爺浮水救孝子

神靈講古

清國時期，中壢常有盜匪出沒。賊窩附近的興南庄，住著一位名叫張仁潔的善良小販，有一妻一子，獨生子名為張信乾，非常孝順父母。在張信乾十二歲的那一年，盜匪襲擊張家，就算張信乾願意代父親受死，盜匪依然一刀砍死其父。從此之後，張信乾便與母親相依為命，他每天都會去溪邊撿拾蜆貝，拿到街上叫賣，貼補家用。

父親去世四年之後，興南庄面臨乾旱，當地村民向神明祈雨，果然天降甘霖。張信乾本來要去溪邊拾蜆，卻因為雨勢滂沱，被母親阻止。折衷之下，他只好改成在岸邊釣魚，並與母親同行。

不過，張信乾垂釣時，卻意外跌落暴漲的溪水。這時，有一位青年恰巧路過，趕緊下水救人。奇妙的是，水中突然浮出一塊大石頭，讓張信乾可以抱著它，不被沖走。青年救起張信乾之後，笑著說也許這塊大石就是他父親附靈。張信乾深信其言，不只感謝青年，也尊稱巨石為「石爺」。那一天正好是七月七日，每年的這一天，張信乾都會以牲禮祭拜石爺。因為石爺很靈驗，鄉人便將石爺從溪裡搬到岸邊的廟亭，向石爺祈求風調雨順，感謝祂護佑鄉里。

探查筆記

臺灣民間相信天地有靈，自然界有各種無形、有形的神。在臺灣，最普遍的自然崇拜，便是石頭公信仰。在桃園中壢，有一座小廟祭拜「石靈公」，當地人尊稱祂為「石爺」。

中壢舊名「澗仔壢」，大約是在乾隆時期開始發展，是淡水與竹塹往來的中繼站。有一條名叫「老街溪」的溪水流經此地，據說在一、二百年以前，曾經有一名孝子張信乾差點溺死於溪水，幸好水裡浮出一塊大石頭，讓張信乾可以抱著石頭，等待救援。張信乾相信父親附靈大石，所以稱祂為「石爺」。

中壢石爺的故事，在日治時期的《臺灣地方傳說集》（一九四三）就有紀錄，作者是川添新輔。根據客語作家徐貴榮的說法，現今供奉石靈公的拜亭，是在一九八〇年改建完成，因為石爺救人的日子是七月初

日治時期出版的《臺灣地方傳說集》，鳥羽博在〈石爺〉篇章中繪製的插畫。圖中，張信乾抱著一顆巨石，在水中載浮載沉，母親則在岸邊向路過的青年求救。

❶石靈公的拜亭。

❷石爺近看，形狀有些方正，表面光滑，石色黃褐，有一部分嵌入牆壁。

❸供奉石爺的神位，壁上書寫「石靈公之香位」。

❹站在新明橋眺望老街溪，遠處被綠樹包圍的亭子即是石靈公的拜亭。

七，於是這一天也成為神明生日，鄉民會擺牲儀祝賀。

我拜訪石靈公的日子，正逢雨天，途經橫貫老街溪的新明橋，橋下洪水滾滾，若不小心失足，確實有滅頂的可能。在石靈公拜亭的旁邊，也有石門農田水利會製作的水深危險警告標誌。拜亭並不大，只有四根柱子，以及安置石靈公香位的一片廟壁。後方有數株榕樹，綠蔭廣大，足以包圍整座拜亭。石爺本身是黃褐色的岩石，有一部分鑲嵌在廟壁中。

石頭公的信仰，反映了人們敬畏天地的心，中壢石爺的故事更呈現出人們認為孝行必有善報的民間思想。

尋幽線索

石靈公拜亭：桃園中壢美豐街旁邊的老街溪岸邊，靠近美豐福德祠、水圳生態池。

新竹

奇景九　風水大戰：雞母鬥蜈蚣

探查筆記

蜈蚣是五毒之一，民間又敬又畏。如果以風水的觀點來看，有一些土地會形成「蜈蚣穴」的地理環境（盛產蜈蚣，或者地勢像蜈蚣，或者有蜈蚣精居住），此穴容易成為「寶穴」。例如，新店五路財神廟原先只是貧瘠土地，地理師認定這是蜈蚣穴，更是一座風水福地，於是建議在此建廟，成為現今新店著名的財神廟。或者像是彰化八卦山，地方人士認為山勢猶如「出土蜈蚣」，而鹿港則是蜈蚣吐珠的地方，藉由蜈蚣珠的加持，鹿港才會繁華熱鬧。

蜈蚣具有毒性，雖不易致命，但也讓人產生恐懼，所以某些蜈蚣穴可能造成危害。新竹就有三處地點，據說有蜈蚣精作祟，於是居民都用「雞母雕像」來抵抗蜈蚣煞氣。

❶新竹市東區的埔頂里

傳言此地是蜈蚣穴，原本是風水絕佳之地，但因為高速公路興建，貫穿埔頂的丘陵地形，讓蜈蚣精尾巴被切斷，所以蜈蚣精開始亂竄傷人。經過地理師的指點，居民在高速公路附近設立了一座金雞母雕像。原本的雕像建

❶埔頂的金雞母，身邊有七隻小雞，底座題寫「**金雞母破解蜈蚣穴，埔頂興旺慶保安康**」。
❷水源橋旁的石雞母，身邊有三隻小雞。
❸現今的水源新橋，已經沒有蜈蚣般的造型。

於一九七五年，後來遭受破壞，居民又在二〇〇六年重建此雕像。

❷新竹市東區的水源里

昔日此地有一座木橋，橫跨隆恩圳，因為造型類似蜈蚣，民間傳言這是會傷害人的蜈蚣精。當時附近道路會發生車禍，村人經常生病，甚至隆恩圳雨後淹大水，都是蜈蚣精惹禍。於是居民在橋旁安置了一座雞母雕像，鎮壓蜈蚣精。現今，這座橋已經改建為水源橋，看不出蜈蚣形狀，原本的雞母雕像也因遺失，在一九八八年重新打造一座石雞母。

❸新竹市東區的千甲路

千甲從前是客家庄，古地名是「九甲埔」，據說此地是蜈蚣穴，能讓蜈蚣修煉成精，危害當地。因此，以前客家人都會養母雞，用來守護家園。如今在千甲車站內，也有一座石雞母的公共藝術雕像。

尋幽線索

- **埔頂金雞母：**新竹市東區埔頂里埔頂路，位於公車站「埔頂庄站」附近。
- **水源橋石雞母：**新竹市東區水源里水源橋的北端，路畔磚牆旁。
- **千甲車站：**新竹市東區水源里三鄰千甲路一四二號。

奇景十

毒殺鯉魚精的計謀

妖精講古

在苗栗山區，有一座水潭，潭中住著一尾巨大的鯉魚精。這尾鯉魚精，經常騷擾附近村落的人們，讓村人苦不可言。

某日，一位村民在夢中得到了神靈的指點，終於有方法可以制伏這尾作亂的精怪。神靈傳授的方法很巧妙，只要在周遭的丘陵地種植一種名叫「魚藤」的植物，然後再向附近「關刀山」的山神借用祂的「關刀」，將魚藤砍斷，魚藤毒就會往下流入潭水裡，鯉魚精就會被毒死。

果然，依法實施之後，鯉魚精終於死去，地方重獲安寧。

探查筆記

苗栗的三義鄉流傳「毒殺鯉魚精」的故事，涉及三個地點：鯉魚潭、魚藤坪、關刀山。

據說，鯉魚潭從高處往下望，彷彿一尾壯碩鯉魚，故有此名。另有一說，潭中有諸多水族棲息，盛產鯉魚，尤其還有一尾修煉成精的「鯉魚精」居住在潭中。這尾鯉魚精常常騷擾當地百姓，所以村民最後利用關刀山的「關刀」斬斷了魚藤，讓魚藤毒流入潭中，毒死了作怪的鯉魚精。

不過，還有另一個說法。本來魚藤坪就有很多魚藤，之後村民為了消滅鯉魚精，便將東面狀似「青龍偃月刀」刀背的高山改稱為「關刀山」，讓「關刀」可以斬斷魚藤。

這則傳說起源為何，已不可考。傳聞早期漢人在此地拓墾，侵犯原住民的山林，雙方皆有死傷。當地有一座橋名為「歸安橋」，因為漢人來到橋南邊，原住民就不會繼續追殺，才有此名。或許，毒殺鯉魚精的故事，真相其實是「原漢衝突」？

雖然傳說起源很難考究，但是利用魚藤毒死精怪的方式，很符合先民的捕魚文化。臺灣魚藤是一種有毒植物，分布於中部低海拔山區、溪岸，以前漢人或原住民都會用它來毒魚。將魚藤的根部搗爛，它的白色汁液具有魚藤酮，溶入溪河中，可以使魚類行動遲緩、暫時昏迷，方便人們捕捉。

當初種植魚藤之處，取名為「魚藤坪」，之後又改名為「龍騰」。現在知名的旅遊景點「龍騰斷橋」，即是位於此地。

至於鯉魚潭，位於何處？三義鄉有一座鯉魚潭水庫，可能讓人誤以為鯉魚精當時就住在這裡。其實，鯉魚潭水庫興建於一九八五年，此處只是大安溪支流的景山溪下游區段而已，並非鯉魚潭的真實地點。

根據古地圖「二十萬分之一帝國圖（臺灣部分）」（一九三二），可以看到關刀山、魚藤坪、鯉魚潭的地名連成一直線。古名鯉魚潭的地區，位於現今鯉魚潭拱橋周遭。至於景山溪的「新開」至「酸柑湖」區段，則成為鯉魚潭水庫的儲水範圍。

❶三義鄉鯉魚潭村的入口雕像造型。
❷龍騰斷橋，昔日此地名為「魚藤坪」。
❸鯉魚潭水庫。
❹關刀山登山口。
❺南投的鯉魚潭，傳說此地有鯉魚穴。
❻臺中東勢鎮埤頭里圳寮巷，位於石岡水壩附近的山丘，有一處奇妙的「老樹共生」奇景，臺灣魚藤攀根纏繞老樟樹。根據政府公告，魚藤樹齡有三百多年，樹高二十公尺。

若參考古地圖，就會發現鯉魚潭古地名，應該位在現今鯉魚潭水庫西邊的地區。但是，潭水的精確地點在哪裡，比對古地圖與今日地圖，仍無法找出確切位置，等待日後繼續追尋。

除了苗栗鯉魚潭之外，臺灣各地也有取名鯉魚潭的地方。例如南投埔里鎮的鯉魚潭、花蓮壽豐鄉的鯉魚潭，皆有神異傳說。其中一種流傳於網路的說法，則是講述數百年前國姓爺在北部斬殺鯉魚精之後，鯉魚精屍飛散四方，魚屍落處就會形成鯉魚潭。

尋幽線索

- **龍騰斷橋**：苗栗縣三義鄉龍騰村鄉道苗四十九線。
- **關刀山步道**：苗栗三義鄉、大湖鄉交界處。

奇景十一 鄭崇和墓的傳說

探查筆記

胡萬川編輯的《苗栗縣閩南語故事集（三）》（二〇〇二）書中，有一篇〈鄭崇和墓的傳說〉。在這篇文章中，後龍的客家人曾惟宏講述鄭崇和墓地發生的怪異傳說。

據說在很久以前，住在墓地附近的葉姓地主，常常發現菜園裡的豬菜被不知名的動物踐踏、偷吃。那名地主晚上躲在旁邊偷看，發現從鄭崇和墓跑出了黑影，原來是石馬、石豬偷跑出來吃東西。而且，不只是石獸有靈性，墓地裡的石人也會作怪。村裡的女子睡覺時，常常感覺到黑影壓在身上，於是偷偷將紅線纏住黑影，等到黑影離開再去跟蹤，竟然發現紅線勾在墓地石像上面。於是村人就用鐵釘在石像頭上釘一個洞，以防他再亂跑。不過，村人還是很害怕這些石獸、石人，所以跟鄭家溝通，希望能解決問題。最後，墓地前方設立了兩支筆，這些石獸、石人就不會再偷跑出來。

鄭崇和出生於乾隆年間，設籍金門，十九歲隨父來臺拓墾，先居於後壠（現今的後龍），後來遷居竹塹。鄭崇和熱心公益，經常救濟地方，當海盜蔡牽作亂淡水廳的時候，他也招募義勇防守鄉里。當時鄭家因為經營有方，成為當地富有家族。

鄭崇和耕讀起家，曾任教師，作育英才無數。尤其是鄭崇和的次子鄭用錫，赴京參加科舉，考取進士，是清國時期第一位臺籍考生首次登科入榜的進士，被稱為「開臺進士」。鄭崇和逝世之後，葬於後壠的竹圍仔山，並奉准入祀鄉賢祠。

鄭崇和的墓塋由鄭用錫興築，建於道光七年（一八二七），位於現在後龍鎮的龍坑里十班坑段，大約是縱貫公路與舊後汶公路（至公路）交叉路口的東北方。

鄭崇和墓是臺灣很稀有的清代官墓形制的古墓，因此被指定為國定古蹟。很特別的是，民間傳言鄭崇和墓地會有靈異現象發生，故事中提到的「石獸」、「石人」其實是放在墓道兩旁的「石象生」（又稱「石翁仲」，雕刻虎、羊、馬、人像的石雕）。民間傳說石馬與石豬會偷吃菜，墓中確實有一對石馬，不過並無石豬。實際走訪此墓，墓中有一對蹲著的石虎，頭部看起來有些類似豬首，也許因為造型不明顯，才會被民間傳言這是「石豬」。

據說因為石獸偷吃菜，所以曾經被人打斷腳部，防止牠們四處亂跑。不過，曾經斷腿的石獸是哪一隻，已經不太能清楚分辨。因為鄭崇和墓曾在一九九六年整修過，我在石馬、石虎旁邊端詳多時，頂多只能懷疑墓道右側的石虎前腳接縫似乎有加工痕跡，但仍無法確認就是曾經斷腿的石雕。

至於故事中提到的「兩支筆」，其實就是墓地前方的「石筆」。石筆是從傳統建築的望柱（石柱）演變而來，通常成對設置於墳墓的墓道兩側。石筆除了可以辟邪，也能表彰墳墓主人的功績，而筆尖向上的毛筆石柱，更期許後代子孫能夠才高八斗。

鄭崇和墓的兩座石筆，左柱刻上「恩受榮封更享枌榆俎豆」，右柱則刻「慶餘積善已看蘭桂科名」、「雲南鹽法道姻再姪王朝綱頓首拜題」。根據傳說，石筆的建立是為了防止石獸、石人跑出墓園，不過石筆上的文字只有題寫墓地主人的功績，看不出還有其他目的。查找文獻，也無法得知石筆是否在墓地興築之後才建立。關於「王

1

2

3

4

5

❶鄭崇和墓左側的石虎。
❷鄭崇和墓右側的石馬。
❸鄭崇和墓右側的石虎。
❹鄭崇和墓左側的石筆。
❺鄭崇和墓右側的石筆。

朝綱」此人，似乎與竹塹鄭家有姻親關係。當時，嘉義名人王得祿有一子名叫王朝綱，是否就是同一人？石筆的謎團，留待日後繼續追查。

尋幽線索

鄭崇和墓：苗栗縣後龍鎮龍坑里十班坑段，大約是縱貫公路與舊後汶公路（至公路）交叉路口的東北方。

奇景十二　古書中的妖怪繪畫

自從開始研究臺灣妖怪文化，我就對於臺灣妖怪繪畫作品深感好奇。

近年來，最知名的妖怪畫家，莫過於角斯。角斯本名曾鼎元，創作《台灣妖怪地誌》（二〇一四），是當代臺灣妖怪繪畫的先驅者，陸續發行《巨人怪說》（二〇一五）、《怪生島》（二〇一七）等作品。此外，金芸萱、葉長青、SFF為《唯妖論》（二〇一六）繪製插畫，張季雅為《妖怪臺灣》（二〇一七）描妖繪鬼，皆創作出奇幻、有趣的作品。

當然，漫畫界也有許多創作，例如Noff的《無常鬼》（二〇一七）、阿慢的《百鬼夜行：妖怪卷》（二〇一七）、柚子的《虎爺起駕：紅衣小女孩前傳》（二〇一八）。

近年來的臺灣妖怪繪畫，發展十分蓬勃。但是，臺灣妖怪的繪畫，最早可以追溯至哪些作品？這個疑問一直困惑著我。

多年搜索，我在清國時期的臺灣古籍、畫作中，尚未發現相關作品，只有在日治時期出版的書籍中，總算見識到妖鬼繪畫。例如在一九三六年，立花壽編纂的《版藝術》雜誌最後一期，主題是臺灣土俗玩具，版畫家料治熊太在書中繪製了三幅鬼怪童玩，分別是「小鬼仔殼」（在解說頁，寫成「山鬼仔殼」）、「小鬼仔面」、「吐舌鬼」。根據李志銘的說法，閩南語的「小鬼仔殼」，就是鬼臉面具的意思。這三幅鬼臉面具、玩具，說明了當時人們會將童玩賦予鬼怪風格。雖然「小鬼仔殼」與「小鬼仔面」看起來只是扭曲、誇張化的人臉，但是「吐舌鬼」猙獰吐舌的模樣，毫無疑問具備妖鬼般的面容。根據解說文，「吐舌鬼」的內部有竹串機關，只要扯動竹串，舌頭與眼球就會做出相應動作。「吐舌鬼」的青藍臉妝、暗紅舌頭，讓人想起鬼王「大士爺」的模樣，不過無法確定兩者之間的關聯。《版藝術》的鬼臉面具，是早期臺灣童玩結合鬼怪文化的特殊呈現。除此之外，日治時期出版的許多民間故事集，經常會搭配插畫，甚至會畫出妖怪模樣。我認為這時期的書籍插畫，可能是臺灣妖怪繪畫最早期的創作。

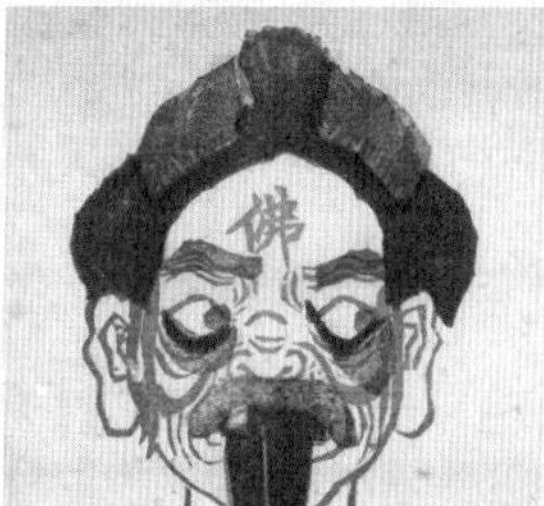

料治熊太繪畫的「吐舌鬼」童玩造型。

日治時期出版的民間故事書繁多，我製作以下簡表，羅列部分著作，並且標明是否有插畫。

◎日治時期的民間傳說著作簡表

書名	編著者	出版年	插畫	畫家
❶《臺灣昔噺》	宇井英	一九一五年	有	宮本萬輔
❷《臺灣の歌謠と名著物語》	平澤平七	一九一七年	無	
❸《神話臺灣生蕃人物語》	入江曉風	一九二〇年	無	

❹	《生蕃傳說集》	佐山融吉、大西吉壽	一九二三年	有	鹽月桃甫
❺	《蕃人童話傳說選集》	瀨野尾寧、鈴木質	一九三〇年	有	片瀨弘氏
❻	《原語による臺灣高砂族傳說集》	臺北帝國大學言語學研究室	一九三五年	無	
❼	《七爺八爺》	黃鳳姿	一九四〇年	有	立石鐵臣
❽	《高砂族の話》	上田八郎	一九四一年	無	
❾	《華麗島民話集》	西川滿、池田敏雄	一九四二年	有	立石鐵臣
❿	《臺灣むかし話》第一輯	竹內治	一九四二年	有	宮田晴光
⓫	《臺灣むかし話》第二輯	稻田尹	一九四三年	有	鳥羽博
⓬	《臺灣むかし話》第三輯	鶴田郁	一九四三年	有	宮田晴光
⓭	《臺灣面白いオトギばなし》	東亞出版社編輯部	一九四三年	無	
⓮	《臺灣地方傳說集》	臺灣藝術社編輯部	一九四三年	有	鳥羽博
⓯	《臺灣の家庭生活》	池田敏雄	一九四四年	有	立石鐵臣

這些古籍中的插畫，以妖怪為主角的創作並不多，有時候只會描繪故事中的場景而已。例如黃鳳姿《七爺八爺》有一篇〈蛇郎君〉，立石鐵臣的插畫只有描繪小蛇纏繞在竹竿上的場景。或者在《華麗島民話集》書中的〈虎姑婆〉，只有描繪姊妹二人搭乘雲朵飛上天，逃離虎姑婆的魔掌，並且加入七娘媽的行列。

儘管資料不多，但我閱讀這些古書時，卻驚喜地發現：某些特定的臺灣妖怪形象確實被畫出來了。這些妖怪繪畫來自六本書，也就是《臺灣昔噺》、《生蕃傳說集》、《臺灣むかし話》第一輯與第二輯、《臺灣地方傳說集》、《臺灣の家庭生活》。

❶《臺灣昔噺》（一九一五）

此書出版於一九一五年，著作者宇井英，由柴辻誠太郎發行，印刷地是臺灣日日新報社。宇井英在國語學校教書時，他請學生蒐集臺灣童話、傳說，他再加以編寫，期望能讓此書適合兒童閱讀。

這本書當中，第十篇文章〈虎姑婆〉，搭配了兩幅插畫。一幅插畫位於篇名頁，另一幅則安置在文章當中。篇名頁的插畫較小，在方格中描繪出虎姑婆的虎頭。文章中的插畫較大，描繪的場景是妹妹阿玉問阿婆在吃什麼，阿婆回答在吃「羌仔」的腳，並且拿給她看，阿玉這時才發現那是姊姊阿金的手指頭。在這幅插畫中，虎姑婆正在啃食床上的阿金，阿玉瞥見此景，神情驚慌。

《臺灣昔噺》的插畫家是宮本萬輔，他所描畫的虎姑婆，可能是臺灣有史以來最早的虎姑婆畫作。

宮本萬輔為《臺灣昔噺》繪畫的虎姑婆篇章頁圖像。

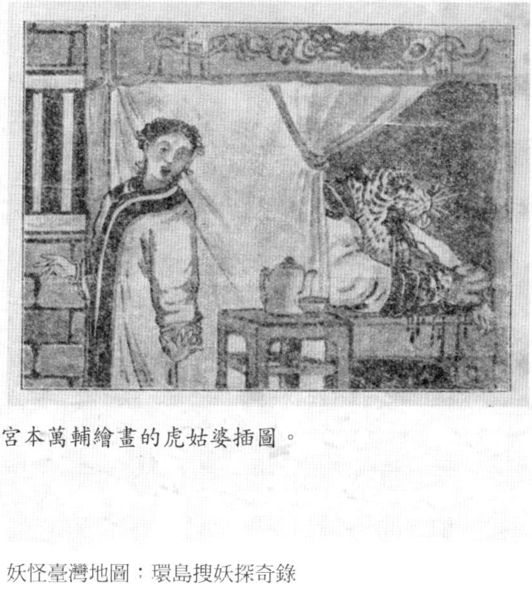
宮本萬輔繪畫的虎姑婆插圖。

❷《生蕃傳說集》（一九二三）

此書是原住民傳說的田野調查成果，文筆簡白，分類嚴謹，是研究日治時期原住民傳說的重要文獻，書中的插畫則由鹽月桃甫負責。鹽月桃甫在一九二一年來臺擔任美術教師，經常以原住民作為繪畫題材。

鹽月桃甫為《生蕃傳說集》繪製的插畫，筆法精練，風格大膽，很吸引目光。在這本書中，他描繪了日月潭追逐白鹿、女人島……等等傳說。並且，他也替書中的文章〈比翼鳥〉繪製插畫。

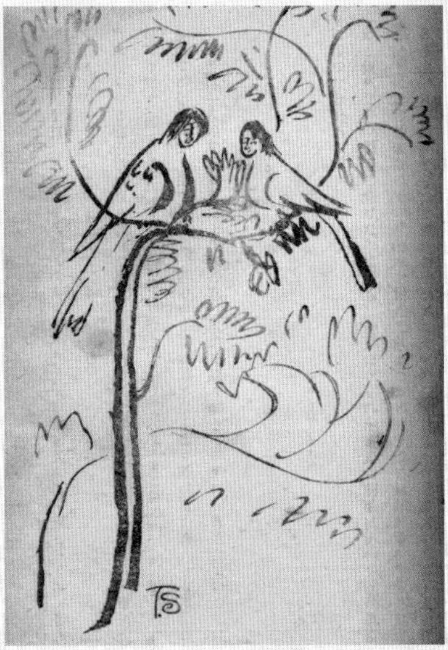

鹽月桃甫為《生蕃傳說集》書中篇章〈比翼鳥〉繪製的插圖。

〈比翼鳥〉的故事，來自布農族干卓萬社（現稱萬豐部落）。據說以前有一位名叫「特波朗」（テボラン）的男子帶狗入山，狗卻走失，他只好爬到樹上，大聲呼叫。沒想到男子一直叫，竟然變成了一隻鳥。他的妻子沒見到丈夫回家，十分擔憂，於是跑入山中呼喊丈夫，她竟然也變成了一隻鳥。因此，只要在山中聽到「喔哇喔」的鳥啼聲，隨即就有「嘿耶嘿耶」的叫聲來回應，這就是特波朗夫婦的呼喊。

「比翼鳥」是否可以稱為妖怪？這個說法值得懷疑，因為這個名詞絕非布農族原有稱呼。作者之所以使用「比翼鳥」這個名詞，其實是受到漢學的影響。比翼鳥最早記錄於《山海經》，後來比翼鳥故事傳至日本，成為日本人熟知的奇幻生物，也會被日本人視為妖怪的一種類型。

至於臺灣原住民傳說中常見的「人變鳥」的變異故事，是否屬於妖怪傳說？我不敢肯定，也不敢否定，畢竟臺灣妖怪學問尚在發展過程，其定義仍在變化、慢慢形成，任何「斷言」都是危險的行為。不過，鹽月桃甫為〈比翼鳥〉繪製的插圖，人頭鳥身，看起來非常具備妖異特質，因此我也暫時將之視為臺灣妖怪的插畫作品。

❸《臺灣むかし話》系列作（一九四二至一九四三）

《臺灣むかし話》共有三輯，由臺灣藝術社發行。這三本書的作者皆不同，第一輯作者是竹內治，第二輯作者是稻田尹，第三輯作者是鶴田郁。為這三本書裝幀、插畫者有兩人：宮田晴光（負責第一輯、第三輯）、鳥羽博（負責第二輯）。

臺灣藝術社出版的書籍，經常搭配畫作，裝幀都很精美。《臺灣むかし話》系列作中，總共有四幅以臺灣妖怪為主角的繪畫作品，分別是宮田晴光的〈虎姑婆〉與鳥羽博的〈蛇郎君〉、〈芝山巖の石馬〉、〈貓山と鯉魚山〉。

宮田晴光，本名宮田彌太郎。他在一九〇六年出生於東京，隔年隨家人渡海來臺。他在學生時代就與西川滿熟識，之後經常為西川滿

宮田晴光（宮田彌太郎）在《臺灣むかし話》第一輯所繪製的虎姑婆。

的著作、雜誌繪製插畫，是日治時期著名的畫家。在宮田彌太郎的插畫中，融合了虎姑婆故事的兩個場景，第一個場景是虎姑婆凝望熟睡的姊姊阿金，第二個場景則是妹妹阿玉逃到樹上，將滾燙的花生油傾倒在虎姑婆身上，虎姑婆現出真身之後，不停瘋狂打轉至死。

鳥羽博，曾替《臺灣むかし話》第二輯、《臺灣地方傳説集》繪製插畫。在我目前的搜索中，鳥羽博應該是日治時期畫過最多臺灣妖怪的畫家。

鳥羽博在《臺灣むかし話》第二輯繪製的蛇郎君。

他的作品〈蛇郎君〉描繪巨大蛇精環繞一名身穿嫁衣的女子，筆法精緻優美，畫風不只讓人驚豔，同時也可能是臺灣妖怪「蛇郎君」最早期的一幅創作。

另外，鳥羽博繪製的〈芝山巖の石馬〉插畫，畫出了石馬被人鑿掉馬眼的場景。〈貓山と鯉魚山〉的插畫，則是貓精窺伺著上方的鯉魚精。

❹《臺灣地方傳説集》（一九四三）

此書是臺灣藝術社編輯部製作，收錄了黄啟木、本田基、大江山瀛濤、江肖梅、曹永和等人的文章，裝幀與插畫都由鳥羽博負責。在這本書中，本田基撰寫的〈虎形山〉與〈龜崙嶺〉附上的插畫出現妖怪形象。

〈虎形山〉描述位在大直的虎形山有虎精出沒，不過虎精不傷人，只會在水池喝水，看到人就會消失，甚至還會守護鄉里，防止賊人入侵。在鳥羽博的插畫中，圓月之夜，虎精望向村裡的房屋，似乎正在擔任護衛。

〈龜崙嶺〉的故事則與國姓爺鄭成功有關。據說淡水河的下游有一座龜形山嶺，名喚龜山，又稱龜崙嶺，這座山的山靈是一隻大烏龜。國姓爺率軍到此，恰逢山靈現身，地動山搖，河水往上游逆流。國姓爺認定烏龜是怪物，下令開砲，打死了這隻山靈。在鳥羽博的插畫中，描繪著士兵朝對岸的龜靈發砲。

鳥羽博繪畫虎形山的虎精。

鳥羽博繪畫鄭軍砲打龜崙嶺的龜靈。

❺《臺灣の家庭生活》（一九四四）

此書作者是池田敏雄，他對於臺灣民俗文化研究甚深，也是《民俗臺灣》的主編。此書收錄池田敏雄撰寫臺灣民俗相關文章，總共五個章節，包含「家庭生活」、「女性と民俗」、「昔話覺書」、「家の年中行事」、「町の歴史」，並由立石鐵臣裝幀、插畫。

在「昔話覺書」這個章節，池田敏雄記錄了他聽聞的民俗故事，包含〈虎姑婆〉、〈猿になった娘〉、〈昔話と雷〉。而在「昔話覺書」的篇章頁，附上了立石鐵臣繪畫的插畫，畫中是一隻老虎向前凝視的圖像。根據三篇文章的內容判斷，此圖應該就是描繪〈虎姑婆〉故事中的老虎精怪。

立石鐵臣繪畫的虎姑婆。

立石鐵臣的虎姑婆插畫，迴異於《臺灣昔噺》、《臺灣むかし話》書中恐怖的虎姑婆形象，反而呈現出童趣、活潑的虎精造型。

奇景十三 植物變化成妖鬼

山海之大，無奇不有，妖魔鬼怪，出入其間。臺灣知名的妖鬼，例如林投姐、陳守娘、貓鬼、狗妖、蟾蜍精……大多是人類、動物死後的化身，或者經過修煉蛻變而成的存在。但其實，島上的妖鬼也有可能真身是植物，甚至是蔬菜、水果所轉化。以下介紹四種奇特的案例。

❶竹鬼

日治時期，黃澄煌在期刊《民俗臺灣》（一九四四）發表〈迷信一束〉，提到竹鬼的故事。據說臺北的川端大橋還未建造以前，對岸的竹林裡住著一個竹鬼。每當有人經過那片竹林，竹子就會彎曲擋住那個人的去路。一旦停下腳步，竹子又會直立起來。所以傍晚以後，無人敢走過那片竹林。

臺北的川端大橋，完工於一九三七年，也就是

臺灣鄉間常見的竹林。

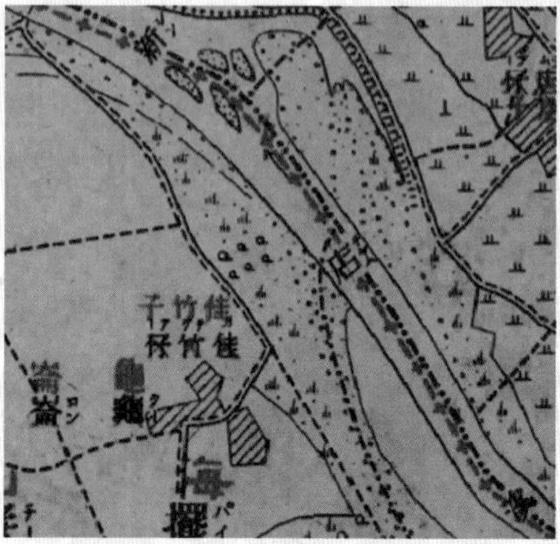

日治二萬分之一臺灣堡圖（1921）的古地圖，標上「佳竹子（仔）」的地名，即是現今永和竹林路附近。此地早年稱為「桂竹林」。

現在的中正橋。原本的橋體已經隱藏在中正橋的結構中。

黃澄煌文章中提到的「竹鬼」，居住地點就是現今新店溪岸的永和。雖然永和現在是熱鬧的都會區，高樓林立，但其實此地在清國時期有許多桂竹，所以舊地名是「桂竹林」。現今永和的「竹林路」、「桂林里」、「竹林里」等等名稱，都是由這個舊名演變而成。據此推測，竹鬼的真身也許是桂竹。

為何當地會有竹鬼的傳說？若調查桂竹的特質，或許能夠理解竹鬼出沒的道理。臺灣桂竹是島上的特有種，地下莖橫走，單桿散生，桿高六至十六公尺，直徑二至十公分。最特別的是，桿肉不厚，抗彎強度大，再加上容易劈剝，所以昔日經常被製作成農漁用具，例如菜籃、魚簍。

或許，正因為桂竹容易彎曲的特性，人們路過桂竹林，經常會遇見折彎的竹子。竹林茂密，光線不足，行走其中，很容易就被彎曲的竹子所絆倒，所以當地才會流傳出竹鬼戲弄行人的事蹟吧。

除了《民俗臺灣》的紀錄，近代的田野訪查書《花蓮縣民間文學集（二）》（二〇〇五），也有〈竹篙鬼的故事〉一文。文中說明，客家人傳說「竹篙鬼」藏身在竹林裡，黃昏就是竹篙鬼活動的時刻。竹篙鬼出現的時候，竹子會突然抖動起來，然後慢慢彎下來，倒在路中間。八字輕的人若想跨過竹子，竹篙鬼就會突然彈起來將人抓住，人的魂魄就會被抓走。若要化解此災，可以罵粗話，竹篙鬼就會識相退開。

❷莧菜鬼

張祖基編著的《客家舊禮俗》（一九八六），提及一種「養莧菜鬼」的奇法。如果有小孩子死掉，可以在紅柬上寫八字，再將八字紙包住莧菜仁，放入死亡小孩的肚腹、心窩處，最後將小孩埋起來。等到莧菜長大之後，可以將莧菜頭刻成人偶的模樣，放在醮壇佛像旁。薰香三年，人偶就能講話，並且會將秘密之事報告給術士聽。

這種怪異的法術，也在花蓮的客家聚落流傳相關故事，《花蓮縣民間文學集（二）》書中便說到此事，但方法略有不同。客家人張振岳敘述，以往客家人會學習茅山術，養莧菜鬼就是其中一種邪術。要養莧菜鬼之前，需要找到一位命好的小孩，再將小孩的生辰八字寫在紅紙上，然後在田地裡找一棵較大的莧菜，將莖部稍微剖開，塞入紅紙，再放回田裡。等到莧菜成熟，把紅紙都包住，再連根拔起莧菜，將塞有紅紙的莖部曬乾，放到神龕或者醮壇下，每日燒香膜拜。大約過了一個月，莧菜就通靈成精，成為莧菜鬼，或稱莧菜神。晚上需要將祂掛在屋外淋水，藉此吸收日月精華。經由這種方式養成的莧菜鬼，除了可以替人帶路、指引方向，也能預知未來。至於八字被拿去作法的孩子，通常會體弱多病，甚至一命嗚呼。所以，從前的人不會隨便將小孩子的生辰八字洩漏給他人。

「莧菜鬼」一詞，除了指涉江湖術士所養的「小鬼」，同時也成為客家的一種俗語。根據謝進興研究客

莧菜有「紅梗紅莧菜」或「白梗綠莧菜」（即是此圖），是市場常見蔬菜。

家諺語與蔬菜的關係，「莧菜鬼」此詞會被用來諷刺那些到處作弄人、危害人的壞人。此外，謝進興也提到實行這種法術會有風險，莧菜莖上的「小鬼魂魄」若沒有控制好，就會逃走、寄生在莧菜園裡，危害人間。

❸香蕉精

林培雅編著的《臺南市故事集（十八）》（二〇一七），書中訪查臺南市北區菱洲宮的執事人員，採錄宮廟的相關故事。此書紀載了菱洲宮降伏「香蕉精」的經過，如下所述。

菱洲宮前身是「天王爺館」，主祀天府千歲，傳說是在道光四年（一八三四）建館奉神，在大正元年（一九一二）建廟，並奉玄天上帝為主神，也改名菱洲宮。菱洲宮素有扶乩濟世的傳統，信徒可以透過乩童、手轎、四輦等方式請神，解決生活上的疑難雜症。宮廟裡有兩位神職人員，周世華（擔任大駕籤手。大駕是一種神轎，扛大轎之人稱為籤手）、周世昌（擔任小法團法師，可以進行消災解厄儀式的法師）兩位兄弟，他們曾替民眾化解妖魔附身的危機。

臺灣鄉間常見的香蕉樹。

那時，當事人因為「卡到陰」，求助菱洲宮。神職人員請神轎到她家，但因為情況危急，他們決定將「妖魔鬼怪」押回廟裡。他們出動三輛車，當事人坐中間的車，前面的車放置四輦轎，後面的車載著手轎，將「妖魔鬼怪」包圍住。等到抵達宮廟，藉由採乩起駕的方式，公祖（玄天上帝）發現這群妖怪有三位「領袖」，第二位頭目雖然願意投降，但是老大與老三不願意，於是「公祖」就將「老大」抓去「炸油鍋」。

炸油鍋的方式，就是使用一段柳枝，將「外方」（外來的妖魔鬼怪）綁住之後，再將整捆柳枝丟入油鍋中去炸，徹底消滅這些妖怪。除此之外，柳枝也可以當作刑具，用來鞭打外方。

當「老大」被丟入油鍋之中，據說現場沒有炸草木的味道，反而洋溢炸肉的臭味。「老三」見狀，嚇得趕緊投降。於是，「公祖」就將「老二」、「老三」還有其他的跟班收起來當營兵。

根據宮廟裡另一位小法團法師許育嘉先生所言，當事人之所以被附身，其實是住家旁邊有一棵香蕉樹成精，香蕉精長期糾纏此人。所以當事人坐車來菱洲宮時，必須用黑令旗包住她整個人，讓香蕉精跑不掉。

❹西瓜鬼

在昭和八年（一九三三）五月九日，《三六九小報》刊登了一篇署名「刀」的文章〈霜猿夜話：西瓜鬼〉，「刀」即是府城文人洪鐵濤的筆名。洪鐵濤是《三六九小報》的創辦人之一，這份報紙是日治時期的漢文、臺灣話文刊物，刊載詩作、歷史文章，不乏詼諧、諷刺之文。

洪鐵濤擔任《三六九小報》的編輯時，固定撰寫專欄，也會以不同筆名發表小說、隨筆、詩詞，尤其寫下諸多妖鬼故事。以下列出〈霜猿夜話：西瓜鬼〉的原文：

市場中的西瓜。

時當盛暑，西瓜充斥，蔓牽綠玉，瓤破紅霞。摯友天錦君來訪，為余談西瓜鬼故事，一祛睡魔，而資談助。君之故里，菁竿排玉，幽篠成林，避暑之好去處也。村之西，數百武，有小溪一，水清而冽。行者徒步而涉，濯足兼濯纓也。知者咸謂溪有祟，時出為行人患，聞者哂焉。溪固清澄如畫，游魚可數，非惡溪比也。一夜，月明如晝，有田夫牽犢寧家。至小溪，將褰裳過，瞥見水次，有大西瓜二，巨材也。田夫意為過客遺物，心竊喜，將攫之他去。陡近水次，傴身欲取之，瓜忽脫手若彈丸，飛空去。田夫大驚，舉首四覓。見瓜懸枝梢，化為人頭，向田夫作獰笑，嗣而面目漸慘惡。田夫一驚幾絕，歸家病月餘。至今雖白晝，視小溪為畏途云。

在這篇故事中，作者好友說了一個「西瓜鬼」的鬼故事。故事中，有一位農夫牽牛回家時，路過小溪，瞥見水裡有兩枚巨大的西瓜。他以為好運可以獲得遺失的西瓜，想要抱起來帶回去。但沒想到，西瓜竟然脫手而飛，懸掛在樹枝上，化為恐怖的人頭模樣。

奇景十四 對抗鬼怪的絕招

對於人們來說，妖怪是恐怖的，讓人心生恐懼，甚至會危害人類。雖然不乏一些願意幫助人們的「好妖怪」，或者是已經成神的妖鬼，願意護佑一境永世祥和，但是人們依舊希望妖怪離得越遠越好。於是，人們發明了許多退妖除邪的方式，希望能祈求安寧順遂。

其實，這種「對抗鬼怪」的心理，也促成了妖怪的誕生。人們若遇到壞事，或者遭遇危機，或者見到某種無法理解的怪異存在、非理性的狀態，人們理所當然想要趨吉避凶，想要克服這些「惡」。但是，「未知」永遠是最恐怖的存在，只要事物處在「未知」，人們就對它們束手無策。

因此，人們必須賦予這些「未知」一個身分，或者知曉這些「未知」從何而來。如此的話，人們才知道如何對抗它們，或者避開它們。知己知彼，才能消災解厄。而在這個過程當中，藉由人們的想像、命名、創造，「妖鬼神怪」就出現了。

對我來說，妖怪的本質是歷史與民俗的另類展現，也是常民文化的世代累積，具有研究的價值。臺灣民間有千百種以上的辟邪方式，都是為了對抗鬼怪。以下簡單列舉數種，提供參考。

黑狗精

❶請神除妖

人們若是遇到妖鬼，或者受到某種怪異力量的干擾，就是「卡到陰」。若是情況嚴重，會請宮廟中的神明來除妖。

請神的方式有很多種，當事人可以來到廟裡，宗教服務人員可能會提供「扶乩問事」的濟世協助。也就是說，神明藉由通靈的乩手來傳達神諭，為信眾指點迷津，驅祟降福。或者，可以請宮廟裡的神明前來家中除穢，宮廟人士會抬著神轎（例如四輦、手轎），讓神明可以出外「辦事」。

除了受到當事人請託之外，各個宮廟也有固定的日期會舉行繞境、暗訪……等等巡行活動。也就是說，神明會親自巡視境內是否有妖魔鬼怪，確保地方平安無事。

舉例來說，嘉義糖廠配天宮的設置，便與媽祖降妖有關。糖廠配天宮，祀奉天上聖母，舊稱「副配天宮」，位於六腳鄉蒜頭糖廠的工廠村。據說在日治時期，糖廠有黑狗精作怪，經本島籍員工請求，日人主管才勉強同意請朴子配天宮的媽祖分身（三媽）前來退治妖魔。後來果然在工廠內挖出一副狗骨頭，將它「炸油鍋」之後，工廠內外才安全無事，於是居民就搭建一座草廟恭奉媽祖，也就是糖廠配天宮的前身。

中華民國五十二年四月二十五日

捉鬼記！

竹東五把鬼火 警察沒奈牠何

王爺菩薩收妖平魔 鬼話連篇神奇一幕

老報紙《民聲日報》刊登鬧鬼新聞，民家請來王爺菩薩收妖（一九六三）。

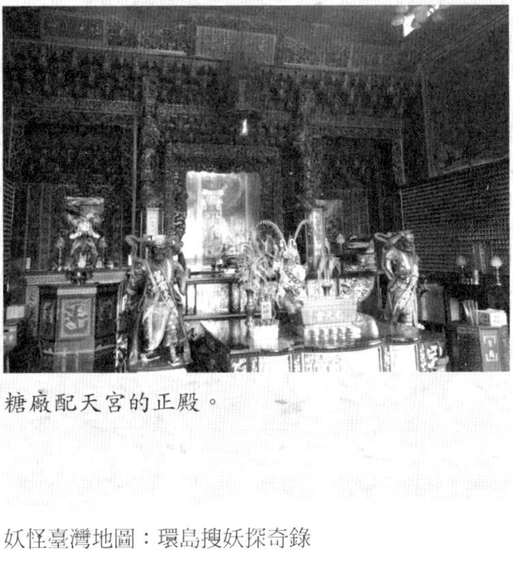

糖廠配天宮的正殿。

❷鎮宅法寶

與其等到妖怪侵門踏戶才傷腦筋，不如一開始就先做好萬全的防護措施，所以臺灣人習慣在家宅放置鎮宅符咒。這些「平安符」會由廟宇提供，它可能被折成八卦形狀，或者放在紅色的方形袋子，成為隨身的護身符。如果是一整張沒有被折疊的平安符，則可以貼在廳堂、大門等地，達到鎮宅的效果。

除了鎮宅符咒可以貼在門戶，也可以放置「八仙綵」、「山海鎮」、「八卦鏡」等等法寶。

八仙綵是繪製、刺繡八仙圖像的紅綵，若是新居落成、結婚喜慶，都會在門楣上懸掛八仙綵，作為辟邪祈福之用。山海鎮也是一種門楣辟邪物，會在方形或圓形木板、鏡面上繪畫山海圖案，利用山與海的力量，鎮制家門前的邪魔之氣。至於八卦鏡，也是一種常見的辟邪物，如果家門口遇到路沖，可以使用八卦鏡來折反沖煞。

懸掛家中的八仙綵。

山海鎮，上頭題寫「我家如山海，他作我無妨」、「驅邪壓煞」的文字。

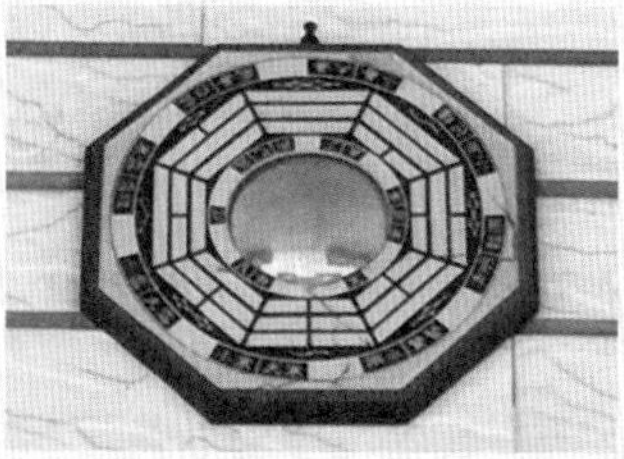

八卦鏡。

臺南永華宮廣澤尊王、臺北青山宮靈安尊王的平安符。

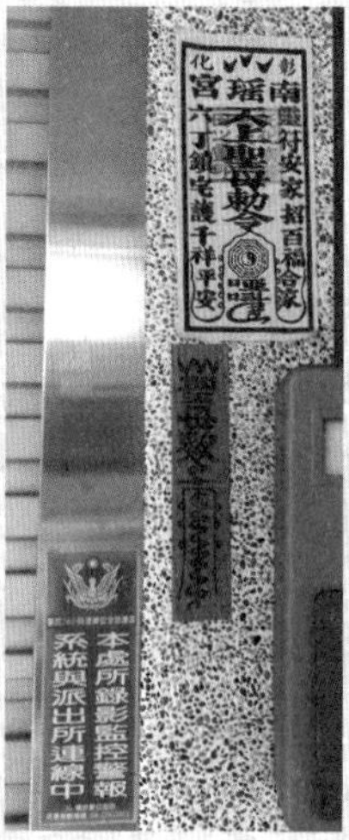

臺灣民宅習慣在門口處張貼鎮宅平安符。

❸石敢當

在街巷路口，最常見的厭勝法寶，應該就是石敢當。石敢當是石碑，碑上會刻「石敢當」、「泰山石敢當」等字，有時候還會搭配劍獅、獸頭的雕刻。其歷史可以追溯至唐代，原本只是家門前的鎮門石，可以用來「鎮百鬼、厭災殃」，後來在宋代演變成設置於交通要道、聚落內的辟邪物。

❹金門辟邪物

金門產鱟，鱟殼（鱟甲）能成為辟邪物，懸掛於門楣，能夠驅邪鎮宅。當地另一種常見的辟邪物，則是屋頂上的「瓦將軍」，人們又稱為屋頂風獅爺，可以用來鎮風制煞。

金門人會在牆上懸掛鱟殼驅邪。

金門屋頂上的辟邪物。

宜蘭的石敢當。

奇景 十五 貪吃妖怪的真身

鄭崇和墓的石獸（石象生）會偷跑出來吃農作物，類似這種案例的貪吃妖怪傳說，在臺灣屢見不鮮。這類型的故事通常是，村民發現農田與作物被踩踏、偷吃，為了得知真相，晚上就躲在田邊偷窺，竟然發現是某種精怪在搗亂。貪吃妖怪的故事中，尤其以「白馬精」最常見。

有時候，人們為了嚇退對方，會用棍棒打擊精怪的腿部。或者，當人們發現貪吃妖怪的「真身」，就會直接將「真身」的腿部打斷，讓精怪無法再作祟。以下介紹臺灣各地相關故事。

❶白馬莊

桃園中壢有一處名叫「白馬莊」的地點，根據徐貴榮的

中壢高中內的銅馬，據說是白馬精的真身。校內學生也傳言，白馬每一天都會換腳站立，晚上也會在校園內奔跑。

文章，據說與白馬精有關。

很久以前，此地是一大片田地，村人生活仰賴這座稻田。不知道從哪時候開始，到了稻子飽滿成熟的時節，有一隻白馬精會趁著夜色來偷食稻禾，還將田地踐踏一番，天亮時就不見身影，無法找到蹤跡。

年復一年，白馬精常常偷吃稻，眾人實在無法忍受。於是某個夜晚，有一位農民拿著鐮刀躲在田埂旁，等到白馬精又來了，他舉起鐮刀直接往馬頭劈去。可惜力道不穩，刀鋒歪向地面，只砍到白馬精的前腳。精怪受此一驚，嘶叫而逃，再也沒有出現過。

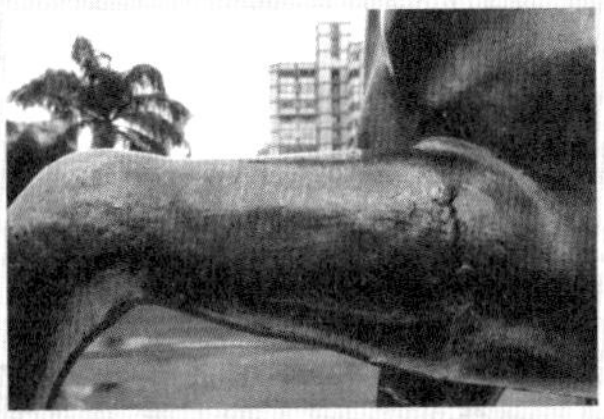
銅馬左前腳有斷裂痕跡。

銅馬尾部也有斷裂痕跡。

戰後，中壢神社被拆廢，改建成現今的中壢高中。原本神社內的銅馬，則繼續留存於校園。這時，人們赫然發覺，這匹銅馬的前腿有被砍過的痕跡。因此，人們議論紛紛，認為這匹銅馬就是當初偷食稻禾的白馬精。

❷王得祿墓

王得祿出生於乾隆年間，是清國時期的知名將領。他協助朝廷平定林爽文事變，也與海盜蔡牽周旋，後來升任浙江提督，晉加太子太保，死後追封伯爵，並加太子太師銜，是清國時期官位最顯赫的臺籍官員。嘉義太保的地名由來，便是為了紀念王得祿。

王得祿墓位在嘉義六腳鄉，占地一公頃多，墓園十分廣大，是國家一級古蹟。王得祿墓塚兩側雕有諸多祥獸，例如龍、鳳、獅、象。墓埕則設置八座成雙成對的石象生，包含石人、石馬、石羊、石虎。

民間傳說，王得祿入葬之後，墓地周遭經常發生怪事，旁邊的村落也六畜不安。調查之後，村民發現王得祿墓中的馬、羊、虎、鳳等等石獸，會在晚上偷跑出來，偷吃農民耕作的五穀雜糧，石翁仲（石人）還會

王得祿墓左側的石虎。

王得祿墓左側的石羊。

王得祿墓左側的石馬。

王得祿墓左側的文翁仲。

王得祿墓右側的武翁仲。

調戲村中婦女。為了防止怪事再度發生，村民就破壞石雕，也請地理師前來破壞墓地風水。

儘管嘉義太保以王得祿的官位來命名，不過嘉義民間對於王得祿有著毀譽參半的評價，傳言他會恃強凌弱。因此，王得祿墓地的怪談，似乎也反映了民間對他的畏懼心理。

❸洲仔尾的石馬

據說，國姓爺的墓塚位於臺南的洲仔尾，墓道設置許多石象生。後來國姓爺歸葬福建，原墓棄廢。林爽文事變的時候，有一位協助官府平亂的民兵首領鄭其仁，戰死於動亂中，朝廷將他封爵雲騎尉。鄭其仁逝後，傳聞就葬在國姓爺的原墓址（另一說法是葬在鄭克臧墓址）。

此時，洲仔尾的村民發現農田會在夜晚被破壞，米穀被偷吃，罪魁禍首是一隻白馬精。村人暗地跟蹤，發現白馬精原來是鄭其仁墓的石馬化身。村民懷疑，石馬也許不願意為鄭其仁守墓，才會在夜間蹂躪農田？為了不讓白馬精再度作怪，村民就打斷石馬的腳，讓白馬精無法自由活動。

原墓址的其中一匹石馬，目前移至赤崁樓，另一匹石馬則放置於鹽行天后宮。

赤崁樓的石馬的後腿有斷痕。

赤崁樓的石馬。

中部

山脈
N
日月潭
糖廠舊址
石頭墓
牛將軍廟
豬娘娘廟
雲林
嘉義

中央
南投
金星石珠
幽靈船
葫蘆墩
犁頭店
打廉村
臺中
彰化

奇景十六 馬與兔守護葫蘆墩

神靈講古

臺灣中部的葫蘆墩，是一個葫蘆穴。這裡有三個土墩：墩頭、墩身、墩腳。這個葫蘆穴是一個會噴火的葫蘆，據說以前經常發生火災。但是俗話說得好：「葫蘆穴，越燒越熱。」因為葫蘆肚裡都是一大堆白銀幣，噴火時，就是吐金錢。就算遭了火災，街上反而更加興旺。

傳說有一匹白馬，總在葫蘆墩的墩腳繞著跑，也有一隻銀毛白兔在土墩上的草蓬裡跳來跳去。牠們是掌管白銀的神靈，守護著葫蘆肚裡的寶藏。一隻白兔管的是一千兩銀，一匹白馬管的是一萬兩銀。可是沒有福氣的人，終是得不到牠的。

據說有一個點心店的老闆，清早擦臉時，瞧見白馬繞著土墩跑，於是他就把手上的面巾丟到馬背上，嚇跑了馬兒。他跟著過去，在土墩上發現面巾，往下挖掘，獲得了兩塊白銀。可是，他一拿回家，隨即病得七顛八倒，把兩塊白銀當作醫藥費花完之後，才得平安。

——改寫自林越峯〈葫蘆墩〉

探查筆記

以上這一段葫蘆墩的白馬與白兔故事，改寫自李獻璋編著《臺灣民間文學集》（一九三六）書中的〈葫蘆墩〉一文。原作者是林越峯，本名林海成（一九〇九－？），他是一名豐原人，曾擔任電影院辯士（解說員），也參加過臺灣文藝聯盟，在日治時期主要創作小說，也撰寫論述、民間故事、童話。在賴明弘的推薦下，林越峯的〈葫蘆墩〉便發表在李獻璋編著的書中。

葫蘆墩，即是現今臺中豐原的古地名。吳子光《一肚皮集》（一八七五）描述葫蘆墩：「**墩高數丈許，形頗似倒葫蘆，故名。**」另外也有說法，葫蘆墩一詞來自於平埔族巴宰海族稱呼「Paradan」的音譯。在一九二〇年，行政區改制，便將葫蘆墩改名為「豐原」。

在漢人的稱呼裡，葫蘆墩的地名起源來自當地有三座土墩，也就是墩頭、墩身、墩腳（或稱頂墩、中墩、墩腳）。目前，墩頭已經鏟建成圓環東路，墩身則被公園、寺廟環繞，難見原形。只有位於大街尾福德祠後方的墩腳，還可以見到一座小土丘的形貌。這座墩腳遺址是在二〇一三年開始整修，二〇一四年完工啟用，由民眾票選命名為「墩腳綠園」。

臺灣民間傳說，只要看見白雞、白兔、白馬……等等白色的動物，有很大的機會可以發現金銀財寶。例如，澎湖望安的船帆嶼，傳說山上埋有寶藏，而寶藏日久成精，能夠變

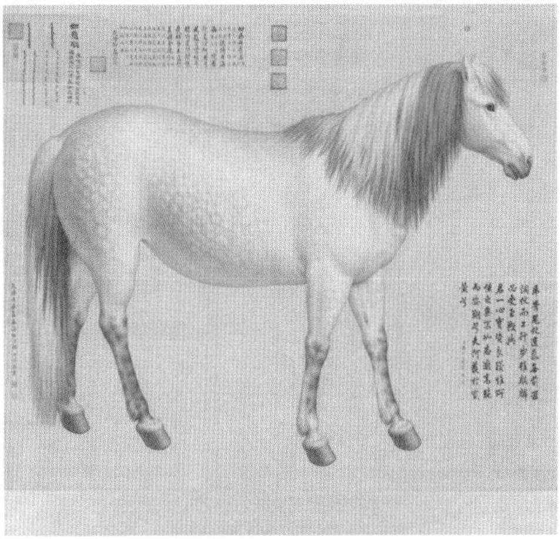

臺灣不產馬，所以白馬尤其珍奇，使用者非富即貴，故成為民間傳說中難得一見的護寶角色，成為錢財的象徵。（此圖是郎世寧的〈畫十駿圖如意驄〉）

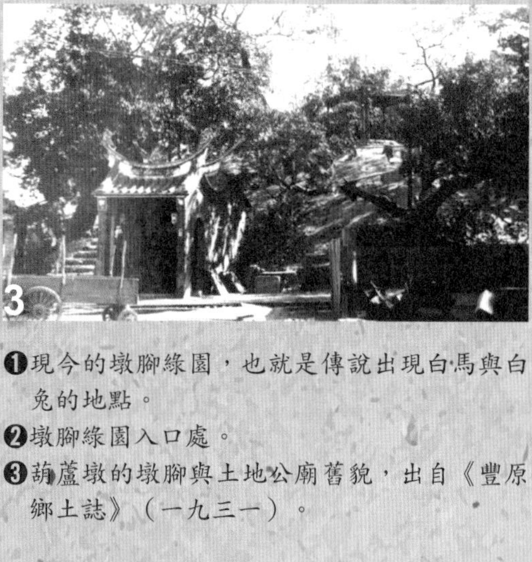

❶現今的墩腳綠園，也就是傳說出現白馬與白兔的地點。

❷墩腳綠園入口處。

❸葫蘆墩的墩腳與土地公廟舊貌，出自《豐原鄉土誌》（一九三一）。

化為白兔的模樣。臺南則有傳說，如果看到田裡有一群白雞，那些白雞其實就是白銀幻化，可以在白雞出現的地方掘地，就會挖到白銀。

雖然在一些故事中，憑空出現的白馬會偷吃稻子、食物，而被村人追打，似乎是素行不良的精怪。但是，白馬在某些地區，則象徵白銀、龍銀的守護者，只要是心懷善念、有品德之人，就能夠藉由牠的幫助，獲得一大筆財富，如果是居心叵測之人，就算得到錢財，也會罹患大病，付出所有錢當醫藥費才會痊癒。例如，葫蘆墩的白馬神使，就是這一類的故事。

西方世界的寶藏守護者，通常是侏儒、小精靈或者噴火龍。至於臺灣傳說中最常見的寶藏護法，則由白馬擔當重任。白馬守護寶藏的故事，普遍出現於臺灣各處，以下列舉南部、東部、北部的案例：

❶南部：在臺南，海安路與成功路交叉路口，有一個供奉佛祖的小神龕，據說以前附近有一隻白馬精在那邊，負責顧守清朝的白銀或龍銀。屏東縣東港鎮，位於崙仔頂的菜園，是一座白馬穴，晚上的時候會出現白馬，在牠出現的地方挖地，就會發現一甕白銀。高雄美濃的「白馬名家」，由來也與白馬寶藏相關。

❷東部：花蓮縣羅山村中的兩座山崙，天氣晴朗就能聽到白馬跑的聲音，「鈴鈴鈴」就像龍銀在響。

❸北部：基隆的和平島，很久以前有一匹白馬幽靈站立在荒廢的城堡中，彷彿指示寶藏埋在牆下。

尋幽線索

墩腳綠園：豐原區中正路二八一巷五號「大街尾福德祠」的後方。

奇景十七 南屯盛事：穿木屐、躦鯪鯉

探查筆記

臺灣的山林棲息著穿山甲，這是一種全身覆滿鱗片的哺乳動物，頭部尖狹，口內有長條狀的舌頭，可以沾黏螞蟻送入口中。臺灣穿山甲是島上的特有種，從低海拔到兩千公尺的高山都有牠們的蹤跡。在清國時期，翟灝曾描述此動物害羞模樣：「**臺灣多山，出穿山甲，大者二尺餘，鱗甲周密，嘴尖而首曲藏於腹下，若羞與人見者。**」原住民族也有與穿山甲相關的怪談，如排灣族、拉阿魯哇族流傳「穿山甲與猴子」的民間故事。

在臺中的南屯老街，則有穿山甲修煉成精的傳說。南屯的犁頭店（萬和路、南屯路口一帶），每年端午節都會舉辦「穿木屐、躦鯪鯉」的民俗慶典，希望能藉由踩木屐的聲音，將地下的穿山甲吵醒。「鯪鯉」（臺語音類似：ㄌㄚˊ ㄌㄧˋ）就是穿山甲的別名。

日本時代拍攝的穿山甲照片，出自堀川安市《臺灣哺乳動物圖說》（1932）。

金鯪鯉

臺中耆老相傳，此地在古代棲息諸多精怪。直至清國時期，漢人開墾犁頭店，精怪紛紛移往深山，唯有「鯪鯉」鑽入犁頭店的地底下，得以獲得生存的機會。取名「犁頭店」，則是因為此地以農業為主，打造農具、犁頭的打鐵舖很多，形成農具交易中心，因而得名。

漢人傳言，犁頭店是「鯪鯉穴」，是一個風水寶地。據說穿山甲有冬眠習慣，若至夏日仍不醒，則農田作物收成會不好，村莊運勢也會變差。所以，每到端午盛暑，居民便會敲擊盆鍋製造巨大聲響，藉此吵醒地底的穿山甲，鑽出地面的時候也幫助田地翻土。只要穿山甲能翻身醒來，此地就不會發生災難，也會出現許多優秀的人才。近年來，逐漸演變成穿上「四人一組」的木屐競走，用力跺地製造巨響的地方特色民俗，俗稱「穿木屐、躦鯪鯉」。

在林惠敏編著的《典藏犁頭店》（一九九九）一書中，則特別提到犁頭店地下沉睡的鯪鯉，是一隻「金色的穿山甲」。今日，講述犁頭店鯪鯉的故事書、繪本，也會描繪出「金色穿山甲」的形象。

其實，犁頭店「躦鯪鯉」的競走活動，一開始並非是漢人民俗，而是源自於原住民的「走標」。根據學者溫宗翰的研究，「走標」（賽跑）最早是平埔族的成年禮、歲時儀式，因為漢人融入其文化，而被添加額外的傳說，例如犁頭店競走，即是一例。其實以前南屯的端午競走，要用「赤腳」來躦鯪鯉，旁觀民眾會敲鐵盆、打鍋蓋製造聲音。溫宗翰的論述也提到，在一九八二年，經由里長張宗雄的倡議，才改為四人一組的木屐競走。此方法既能競賽，也能製造熱鬧聲響。

根據溫宗翰的說法，很有可能穿山甲傳說是漢人所附會的情節，並不是原本平埔族「走標」儀式的由來。可能因為漢人風水信仰「鯪鯉穴」與平埔文化「走標」互相融合，才衍伸出「躦鯪鯉」來活化地方風水的活動。

早年「躦鯪鯉」不使用木屐，也與我母親的說法相符。我母親早年住在犁頭店萬和宮附近，根據她回憶一九六〇年代，當時犁頭店競走，只是單純的賽跑活動。參加者多為小孩子，只要參加活動得獎，獎品則是橡皮擦、鉛

❶南屯犁頭店「穿木屐、躦鯪鯉」的活動，會在萬和宮前的廣場舉辦。

❷南屯木屐節，會有工作人員穿上穿山甲的偶裝，與民眾互動。

❸南屯木屐節一開始，先舉行請神儀式，會請出「犁頭店福德廟」的神明。

❹二〇一八年的木屐節，在六月十八日舉行。這天下雨，民眾依然穿上雨衣參加盛會。

❺南屯區公所前，「穿木屐、躦鯪鯉」的藝術造景。

筆盒等文具。

雖然臺灣穿山甲是島上特有的動物，但是現今因為土地開發，主要居住在淺山地帶的穿山甲面臨諸多威脅。例如，棲地被破壞，讓牠們被迫移往他處。臺灣密集的道路系統，會造成穿山甲的「路殺」。獸鋏陷阱，犬隻攻擊，也讓穿山甲遭受傷害。

我身為南屯人，很樂見政府重視犁頭店「躦鯪鯉」的活動，將之擴大成「南屯端午木屐節」，並且在南屯區各地安置穿山甲的吉祥物造像。不過，我更加希望，政府能更積極保育淺山環境，讓城市與自然生態可以共生，也讓穿山甲等等淺山動物能與人類和平共處。如此，「穿木屐、躦鯪鯉」的民俗活動中，真正的主角才不會缺席。

尋幽線索

端午木屐節舉行地點：臺中市南屯區萬和路一段五十一號（萬和宮廣場及南屯老街）。

臺中

奇景十八 金星石珠：美人魚的餽贈

探查筆記

臺灣的人魚傳說裡，精怪出沒的地點，大多是在海面、或者潭水（如日月潭的塔克拉哈）。至於臺中市石岡區金星里的「美人魚」則很特別，據說是在溪河裡現身。

石岡區位於大甲溪南岸的河谷平原地帶，舊名「石崗（硿）仔」，因為坑谷疊著許多粗石，另一說法則是河流出谷口形如陶缸（硿）而得名。以往，此地是巴宰族、泰雅族的居住地，清國時期以來的居民大部分是客家人。

在石岡區的金星里金川巷、金星溪的旁邊，有一座「庄中福德祠」。廟柱前的兩個枱子，放置了兩顆渾圓的石珠，廟旁也以水泥砌著數十顆的圓石。村庄中的人們認為，這些都是溪裡的「美人魚」吐出來的石珠。

傳說在一百多年前，村人曾經在溪邊用石頭堆築起堤防，用來防止溪水氾濫，稱為「美人魚堤防」。築堤之後，溪裡陸續出現非常多的圓形石塊，地理師認為這是美人魚吐珠。

鄉民相信，美人魚的真身其實是鯉魚，所以又稱「鯉魚吐珠」。不過，根據《石岡鄉閩南語故事集》（一九九三）書中的採訪紀錄，耆老也認為珠子是石龜生下來的蛋。

後來，某次山洪暴發，堤防毀壞，圓珠再也不曾出現。溪裡原有的石珠，也因為經常被人搬走，逐漸稀少。

❶臺中市石岡區金星里庄中福德祠。
❷庄中福德祠龍邊廟柱前的石珠。
❸庄中福德祠虎邊廟柱前的石珠。
❹福德祠右側，砌有數十顆石珠。
❺金星石鎖是兩座圓錐狀的石塔，頂端有鐵鍊串聯，據說可以防洪、鎮住村內財庫。

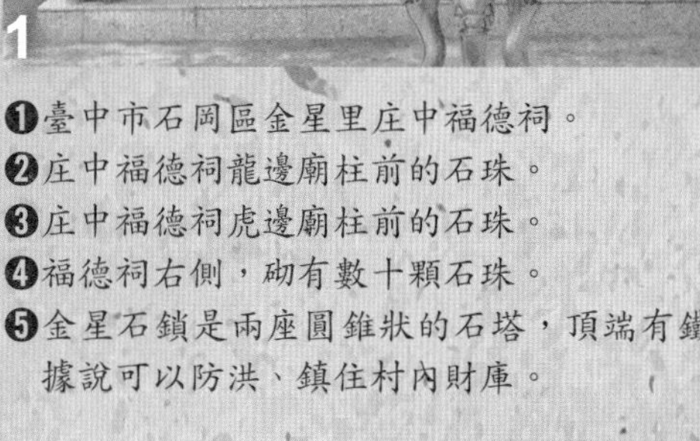

於是，村人便將剩下來的石珠移置福德祠作為紀念。村人相信，只要觸摸這些石珠，就會有好運氣，心想事成。

除了金星石珠之外，金星村還有另一處奇妙景點，名為「金星石鎖」，也與防洪相關。

石鎖位於金川巷金仙橋旁，有兩座四公尺以上、水泥和鵝卵石砌成的圓錐狀的石塔，兩塔的頂端以一條鐵鍊互相串連聯來。據說在日治時期，溪水經常氾濫，金星村石忠宮奉祀的媽祖娘娘降下神旨，指點民眾興建石鎖，除了可以防洪，也能鎖住村內的財庫。

尋幽線索

金星里庄中福德祠：臺中市石岡區金星里金龍橋旁。

奇景十九　幽靈船來抓人

探查筆記

臺中火車站附近有三個著名的靈異景點：第一廣場、金沙大樓、千越大樓。而第一廣場、金沙大樓則與幽靈船傳說相關。

臺中天空飄浮一艘幽靈船的都市傳說，流傳於一九九五年至今。起因是臺中的衛爾康西餐廳大火造成六十四人死亡，之後有人說看到幽靈船停泊於第一廣場上空，這艘船就是來抓走火災喪生的亡靈，要將亡靈運往陰間，直到集滿一百條生靈才會罷休。一時之間，人心惶惶，媒體也捕風捉影，久而久之就成為臺中知名怪譚。

作為一名臺中人，我其實小時候對於紅衣小女孩的故事較無感，反而是聽過許多同學談論一廣的幽靈船傳說。後來，在二〇〇五年，金沙大樓的十八樓發生大火，造成四死三傷的憾事，也被臺中人傳言這是幽靈船來抓亡靈。

我想，只要年齡二十歲、三十歲以上的臺中人，肯定都聽過幽靈船徘徊臺中天空要抓人上船的恐怖故事。幽靈船作祟方式，很類似臺灣習俗所講的「抓交替」，不過為何作祟的主體形象是「船」，則有待進一步研究。

另外，幽靈船的作祟與臺南民間傳言的「採船」很像，同樣都要抓靈魂上船，不過兩者仍有正邪之分。據說，臺南的「採船」是因為王船要抓人來當水手，而臺中人對於幽靈船的想像造型則類似西方的海盜船，也許參考了「飛行荷蘭人」傳說？

本來以為幽靈船的都市傳說只在臺中盛行，但是一查資料，卻發現其實在臺北三重、臺南中國城……島嶼南北都曾有幽靈船現身的目擊傳言。不過，幽靈船最早出現於臺中的第一廣場，應是最早流通的版本。

相較於幽靈船與火災事故的強烈連結，千越大樓作為鬼屋的流言基礎，並不是曾有人命傷亡的事故，反而是因為住戶逐漸稀少、大樓太像廢墟，因此成為臺中人盛傳的靈異場所，甚至是夜遊試膽的地點。

都市傳說究竟是真是假？其實，必須要細心爬梳，以多方立場去解讀，才能理解傳說背後隱藏的脈絡。

都市傳說反映的是講述者的身分背景、地景的文化軌跡。舉例來說，臺中幽靈船說法盛行，推測是從學生族群開始廣泛流傳。衛爾康大火之後，臺中各學校開始加強宣導出遊安全，我在當時就聽過老師在課堂上特地說明此事件，可見當時這場火災已經成為社會的聚焦點。因此，經常出沒於火車站附近的學生、青少年族群，對於當時外觀有些老舊的第一廣場產生諸多想像時，火災事件便成為極佳的幻想切入點。

但是，在臺中也流傳一種說法，傳言第一廣場之所以沒落，正是因為被幽靈船故事影響之後，人潮銳減。我認為這是因果錯誤的傳言。實情是，在一九九五年衛爾康事件之後，雖然當地流傳幽靈船要抓人，但是第一廣場依舊是學生族群在假日休閒的好去處，直到二〇〇〇年代依舊很熱鬧。第一廣場走下坡，應該是地區上整體結構的改變，當時一中街、逢甲夜市開始崛起，第一廣場所在的舊城中區則逐漸沒落。以訛傳訛的幽靈船傳說，便因為中區沒落而甚囂塵上，甚至還傳言一廣的電梯是鬼電梯，會接通異度空間。

換一個角度想，鬼故事的核心，其實反映了都市大樓的老舊境況。

不過，說第一廣場走下坡，也不太正確。因為在這十年來，此地歷經變化，早已成為充滿異國情調的「小東

1

2

3

❶九〇年代的第一廣場，商家林立，有服飾店、保齡球館、餐飲店等店鋪，是一座休閒娛樂廣場，也是年輕學子假日去處。如今，在政府新南向政策的影響下，此地已經更名為「東協廣場」，周遭有許多東南亞商店，洋溢異國風情。

❷金沙百貨大樓，開幕於一九九九年，共有二十二層，頂樓也有旋轉餐廳。不過在二〇〇五年大火之後，人潮退去。目前這棟大樓由李方艾美酒店負責營運，預計二〇一九年正式開幕，期望再展風光。

❸夜晚裡的千越大樓，外觀老舊，顯得暗影幢幢，不過卻吸引年輕人來此探險。

南亞」。在二〇一六年，第一廣場正式更名為「東協廣場」，是越、印、泰、菲等等東南亞移工休閒聚會的好所在，周遭也有許多東南亞商店，販賣特色商品與飲食，洋溢東南亞風情。當地商店雖然平日營業額不多，但只要工廠發薪日過後，店面營業額都是四萬起跳。

如今，東協廣場附近已是東南亞朋友逛街、生活的場所，幽靈船故事也漸漸不被大談闊論。外籍移工的眼中，第一廣場其實一點都不恐怖，反而是一座溫暖、日常、充滿生命力的場所，就像是「第二個家」。

而在東協廣場附近的千越大樓，前幾年開始就有翻新計畫，在二〇一七年也有塗鴉團體進駐，將樓層牆面彩畫一番。不管樓中是否有鬼，「鬼屋」、「廢墟」等等稱呼都引起人們對於此地的關注，或許反而能藉由都市傳說的魅力，讓此地具備都市再生的動力。

鬼故事，其實就是一種提醒。如同衛爾康事件之後，社會輿論與都市傳說的雙重壓力，才讓政府開始慎重思考公共安全，並且促成消防法規修訂。鬼故事的弦外之音，或許就是在告訴我們，城市需要新陳代謝，也需要以新的眼光重新去建設，讓地區具備新生的可能。

尋幽線索

- **東協廣場（第一廣場）**：臺中市中區綠川西街一三五號。
- **金沙大樓**：臺中市中區建國路一〇五號。
- **千越大樓**：臺中市中區綠川西街與中山路的交叉路口附近。

奇景二十

打廉村傳奇：鯰精滾大水

妖精講古

很久很久以前，村裡莫名其妙出現一尾巨大鯰精。它在水溝裡翻滾身軀，捲起泥沙，也讓大水翻騰，淹沒成一彎水潭。

鯰精滑溜，不停滾動，它鑽滾出的水潭呈現出彎曲的形狀。每逢鯰精滾水，波濤洶湧，周遭地域就會淹水，讓居民苦不堪言。

不過，當它往西南方滾過去，滾到大潭的地方時，天公終於決定要懲罰它。祂以一道雷電，擊死了鯰精。從此之後，水池的範圍就只到大潭那地方。並且，因為天公以雷電打死鯰精，所以這個村落就稱為「打廉（鯰）」。

探查筆記

以上的故事，是我在打廉村內踏查時，在大水潭邊與一名七十多歲的耆老聊天，對方向我講述的傳說內容。

鯰魚精

當時，潭邊的樹蔭乘涼處也有四名老者，也都表明聽過此傳說。

打廉位於彰化縣鹽埔鄉，其村名暗藏神妖大戰的傳奇往事，很值得深入研究。彰化設縣之初，始於雍正元年（一七二三），當時漢人逐漸入墾埔鹽地區。我目前調查文獻中出現打廉名稱，最早見於雍正二年（一七二四）刊行的《諸羅縣志》，書中敘述康熙五十五年（一七一六）諸羅縣令周鐘瑄資助庄民合築打廉庄陂（蓄水池）。而在乾隆六年（一七四一），劉良璧《重修福建臺灣府志》也記錄打廉庄之名，屬於馬芝遴保管下的八個漢人庄之一。

因此，若是當地曾有妖怪作亂，可以推測發生時間可能是在康熙五十五年之前，所以官民合築陂池時，才會命名「打廉」。但是，文獻說法也不能盡信，只能確定雍正二年確實出現了「打廉」這個名稱。

關於打廉名稱的由來，也不只與妖怪相關。根據《埔鹽文史專輯》（二〇〇三）書中的考究，尚有數種說法。例如，客家先民擅長打造鐮刀，才有「打鐮」之名。或者，因為水潭形狀如同大鯰魚，才稱「大廉（鯰）」。或者，水潭孕育諸多鰱魚，因此「廉」即是「鰱」。或者，當初作怪的妖精其實是一尾巨大的鰱魚精。

實地走訪打廉村，赫然發現打廉村活動中心的前方，豎立了一尊鄉民抓鯰魚的雕像。雕像下方的碑文則記錄鯰精曾在當地作祟，將附近房屋、稻田滾成一片汪洋大潭，幸好三山國王大顯神威，驅邪斬鯰精，才讓當地恢復和平。這個說法與我聽耆老說降妖者是「天公」的說法有所不同。

關於三山國王降伏鯰精的說法，我也在馬圃原撰寫的《埔鹽人文史詩風采》（二〇〇五）書中讀過。此地有一座廟宇名叫「大安宮」，供奉三山國王，是打廉村的信仰中心。大安宮起源於乾隆十九年（一七五四），相傳分香自社頭鄉枋橋頭鎮安宮。我向大安宮的廟公詢問妖怪之事，他也認為當初作怪的鯰精是由三山國王降伏，不過詳細過程則不太清楚。

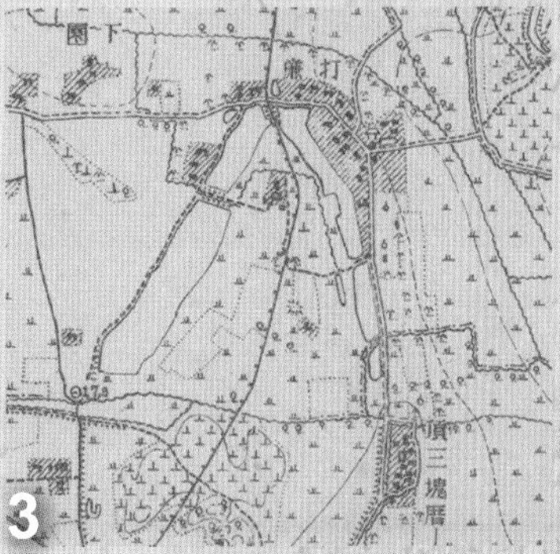

❶打廉村活動中心前方的概念雕像。
❷大安宮中的三山國王神像。
❸打廉村的古地圖，擷取自「日治二萬五千分之一地形圖」（一九二一年），「打廉」字樣的下方即是「倒U字型」的大水潭。從地圖中可以看見水潭的彎曲形狀，與大鯰魚外觀相似。除此之外，似乎也能想像出這是經由鯰精「滑滾」出來的彎曲水潭。
❹打廉村中的大水潭。

若說當初降伏妖怪的神明是三山國王，從時間上推斷，則會發生一個難以理解的現象，因為宮廟設立時間與先前推想的妖精作亂時間不符合。我認為這個誤差也許說明了兩種可能性：其一，當地最早傳說魚精作怪，並沒有說明哪位神明降伏魚精，後來大安宮建立之後，鄉野附會是三山國王降妖伏魔；其二，大安宮建立之後，才開始流傳三山國王斬殺鯰精的事蹟，因此鄉民才認為「打廉」即是「打鯰」。

至於鯰精真身，我認為有一種可信度頗高的推測：鯰精其實是水災被擬妖化的歷史記憶。

打廉村的大水潭，很有可能曾經屬於東螺溪的某段支流。東螺溪又名舊濁水溪，含沙量高，清濁不定，容易引起地方水患，在歷史上也曾經多次改道。例如一八九八年戊戌大水災，濁水溪山洪暴發，洪流直衝埤頭、溪湖、埔鹽等地區，一夜之間當地的房舍農田皆淹沒，更造成東螺溪改道。

我比對古地圖中打廉村的水潭形狀，彎曲如「倒U字型」，如果曾有東螺溪支流經過，溪岸肯定水患不斷。或許因為如此，當地居民便將水患怪罪於妖怪作祟，鯰精因而誕生。

如今，打廉水潭經過歷史變遷，大部分已成為農田。根據耆老的說法，當地農民是在五十年前用牛車載運土石來將水潭填平，作為耕種用的田地。至於故事中鯰精被雷電擊斃的「大潭」還有部分留存，大約靠近現在的埔鹽幹線排水路。

尋幽線索

- **大安宮**：埔鹽鄉打廉村埔打路二號。
- **打廉村概念雕像**：彰化縣埔鹽鄉埔打路十九號之十五。

奇景二十一 邵族往事：茄苳樹與獠牙精的戰爭

神靈講古

邵族人在白鹿的帶領下，來到日月潭安居樂業。他們一開始居住在普吉，人口越來越多之後，則遷徙至石印、拉魯島……等地。

當時，日月潭邊有一棵巨大的白色茄苳樹，樹上棲息著祖靈。只要茄苳樹萌發新葉，就象徵邵族生生不息。

清國時代，漢人由南向北拓墾，覬覦水沙連的山林資源，卻因為邵族頭目「骨宗」的抵抗，遲遲無法進入內山。

這時，漢人首領聽到傳聞，茄苳樹王是邵族命脈所在，骨宗就是樹靈化身。於是漢人首領派人趁夜闖入禁地，想要砍倒茄苳樹。沒想到，只要斧頭砍在樹上，樹木傷口就會癒合。

正當漢人首領束手無策之時，他夢到天啟，得知「獠牙精」才是茄苳樹王的天敵。漢人首領靈機一動，就命令手下使用具備「獠牙」的鋸子來鋸樹木。成功鋸倒樹木之後，再將銅針釘住樹頭，潑灑黑狗血，最後覆上大銅蓋，以防樹木再次長出新芽。

茄苳樹死後，樹血染紅了整片日月潭，從此之後邵族元氣大傷。

探查筆記

翻讀日月潭的邵族歷史，是一頁頁讓人嘆息的過往。看似玄奇的茄苳樹傳說，其實隱喻了邵族土地被入侵、資源被剝削的血淚刻痕。

在二〇一八年，孔雀園BOT案與邵族傳統領域的衝突，彷彿是獠牙精與茄苳樹王敵對的畫面重播，但其實數百年來，邵族早已在日月潭流離失所。例如，日治時期興建日月潭水庫之後，族人被迫遷移至伊達邵，之後國民政府又以都市計畫為理由收走土地，讓族人的生存空間越來越狹小。

邵族千百年來世居的日月潭，曾被白鹿祝福的土地，如今卻被財團大量開發。不只擠壓了族人的文化發展，也破壞了生態環境，讓人憂心忡忡。

回顧邵族起源，據說他們原本居住阿里山，有一位名叫「排達沐」（Paidabo）的勇士與同伴在森林狩獵，遇到一隻美麗的大白鹿，追逐而去，於是發現日月潭。排達沐也成為邵族第一代頭目，率領族人定居於普吉。

日月潭的邵語是「Zintun」（仁頓），普吉的邵語則是「Puzi」，意思是白色，因為這裡就是當初白鹿跳下水消失的地點，之後漢人稱為「土亭仔」。

日治時期拍攝的日月潭的拉魯島，出自《臺灣紹介：最新寫真集》。

日治時期，日月潭的獨木舟。

1

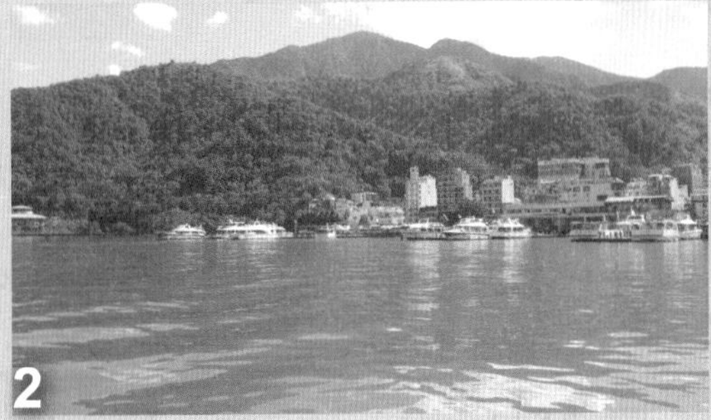

2

3

4

5

❶在纜車上由西向東鳥瞰日月潭，近處的溼地生長了一片片的蘆葦叢，魚蝦眾多，也聚集鷺鷥、夜鷺等等水鳥。遠處的潭面有一個小島，則是拉魯島。

❷日月潭的伊達邵碼頭。

❸拉魯島今貌，小島四周設置人工浮嶼，如今已經封島，只開放邵族在此島進行祭儀。據說此島居住祖靈巴薩拉（Pathalar），祂能賜福驅邪，是邵族最高祖靈。

❹日月潭的土亭仔步道，據說就是當初白鹿跳下水的地方。步道口設置貓頭鷹馬賽克，因為貓頭鷹是邵族崇拜的靈鳥。據說昔日族內有一名少女未婚生子，被族人嫌棄，少女逃入山中而凍死，死後化為貓頭鷹，會在族內即將懷孕的婦女門前鳴叫，提醒女子注意身體，此後邵族人就對貓頭鷹敬畏有加。

❺土亭仔步道長約六百公尺，終點設置二層式的觀景平臺，並且還有一座小型燈塔，幫助引航日月潭上的船筏。步道內竹林茂密，綠葉婆娑，不禁讓人想像起昔日勇士追逐白鹿時的場景。可惜的是，似乎因為泥沙流失，土亭仔岸邊的水呈現土褐色，與日月潭的綠水呈現明顯對比。

對於邵族來說，湖中央的拉魯島（Lalu）曾是居住地、祭祀的聖地。不過，自從日月潭水庫興建、九二一地震受創之後，島嶼面積只剩下二十坪。儘管經過填土、抬高工程，但擴增面積與百年前的島嶼相比，依然縮小非常多。

搭上遊湖船隻，途經拉魯島時，船老大黃先生跟我介紹，島上目前有四棵大型的茄苳樹，都是在九二一之後植栽，據說其中一棵是呂秀蓮所種，不知是真是假？

之所以在島上種茄苳，是因為傳說當初那棵被砍伐的白色茄苳樹就位在拉魯島（另一說是在日月潭東北方的潭邊）。島上再度種植茄苳，並將光華島正名為拉魯島，象徵了邵族主體文化的立場。

時光匆匆，日月潭、拉魯島經歷了諸多變化，絕非隻言片語能說清，也不能只以是非黑白的二分法來下定論。坐在船上遠望拉魯島，船身激起的白浪讓小島周圍的浮嶼左右搖晃。不禁讓我幻想起，昔日白色茄苳樹流出的樹血，會是如何染紅這片湖水？

樹汁鮮紅，並非誇張。茄苳樹的樹汁剛流出來的時候會是白色，不過接觸到空氣，就會發生氧化作用，樹汁呈現紅褐色，就像血液般鮮紅。古早時代，茄苳樹的紅樹皮也會被當作天然染料。

儘管白色茄苳樹已不在，但是近年來邵族人積極爭取權利，努力恢復自我文化，其精神值得敬佩。遠遠眺望著拉魯島上的茄苳樹，我的心默默祝福。

尋幽線索

日月潭：位於臺灣南投縣魚池鄉日月村，四大碼頭是朝霧、水社、伊達邵、玄光，可以搭乘遊艇遊湖。

奇景二十二　日月潭人魚：達克拉哈

妖精講古

邵族在日月潭定居之後，除了耕作之外，就依靠潭中的魚蝦螺蚌維生。但是，從某一陣子開始，邵族人經常捕不到魚，放置在水中的捕筒、蝦籠也會被破壞。因此，邵族頭目憂心忡忡，懷疑水中有怪物。

少年努瑪（Numa）聽聞消息，願意下水一探究竟。他拿起魚叉，一下子就潛到潭底，發現許多破損的魚網，循著這些漁具殘骸往前游，他發現長髮人魚「達克拉哈」（Taqrahaz）正在拆除族人製作的鰻筒。

努瑪橫眉怒目，掄起魚叉往前攻去。達克拉哈是水中精怪，瞬間就閃過攻勢。少年與水精大戰三天三夜，仍舊不分勝敗。最後雙方氣喘吁吁，躺在大石頭上休息。

努瑪質問水精為何跟邵族作對，達克拉哈反問：「水裡的筌籠那麼多，若不知節制，魚蝦將被捕撈殆盡，我們都活不了！」

努瑪滿臉通紅，自知理虧。族人得知緣由，體悟萬物生息之理，在達克拉哈的協助下，製作「浮嶼」幫助魚類產卵、繁殖，也只在固定時間捕捉特定魚種，限制魚網的孔目疏密，不再一網打盡。

——改寫自《邵族：日月潭的長髮精怪》

邵族稱呼超自然的存在為「Qali」，這個詞指涉的範圍廣泛，例如祖靈、善靈、惡靈都屬於「Qali」。除此之外，還有兩種特殊的精怪「黑精」與「水精」。

根據唐美君在《日月潭邵族調查報告》（一九九六）書中記述邵族頭目袁阿送的說法，黑精（Matinatinaq a Qali）全身黑色、狀至恐怖，能使人生病，水精（Daqrahaz）則會翻舟溺人；不過，唐美君也附註，根據另一名邵族報導人高武老的說法，他則認為水精是在水中掌管水族的「Qali」，水精不會作祟，反而是溺死者會變成水鬼（Salu・ma），並且翻舟溺人。

不論日月潭的水精是否會抓人下水，達克拉哈居住在潭中應該是毫無疑問。根據洪英聖《臺灣先住民腳印》（一九九三）的紀錄，與邵人結婚的漢人劉秋香小時候就住在部落，她每次要去潭邊撿蛤仔，都不敢到石印，因為那邊有一塊平坦方正的大石頭，長輩說人面魚會坐在石頭上曬太陽。人魚據說是長頭髮，身體是魚，頭卻是女人模樣。在《邵族：日月潭的長髮精怪》（二〇〇二）書中，簡史朗所採集的日月潭人魚故事，則成為我改寫成「妖精講古」的範本。

達克拉哈的故事繪聲繪影，但是能作為水精活動證據之一的石印大石頭，早已因為水位上升而淹沒。儘管如此，現今也能在日月潭追尋到達克

日治時期，居住在日月潭的邵族會以網捕魚，照片出自山本江茂《日月潭》（一九二八）。

❶伊達邵碼頭附近的人工浮嶼。

❷玄光碼頭附近的人工浮嶼。

❸日月潭以前的水面有一顆巨大的岩石，人魚達克拉哈常常坐在石頭上。不過，當日月潭興建水庫之後，水位上升，大石頭也被埋入水中。

❹邵族捕魚會用「達瓦茲」（Dawaz），也就是魚網。另外，也會使用竹編的捕筒（魚筌）來捕魚。傳說中的人魚塔克拉哈不滿邵族過度捕撈，於是在水底破壞了這種捕魚裝置。

拉哈曾經存在過的一些蛛絲馬跡，也就是漂浮在水上的浮嶼。

據說最早以前日月潭是沼澤地，許多水草、藻類會叢生於水面，根部沒有附著於泥土，所以會隨水漂流。之後，邵族以這些浮草區塊作為基底，用竹子做為框架，製作浮嶼，或稱浮田。製作而成的方形框則是竹排，上面會撒上泥土、落葉，或者種草。魚群喜歡在浮嶼下方產卵、繁殖，具有生態保育的意義，同時也利於族人方便撈捕，或者在浮嶼四角繫上魚筌。

在水精傳說裡，邵族之所以學會永續經營的道理，就是來自達克拉哈的教誨。並且，這名水中精怪也引導邵族如何設置浮嶼。

現今日月潭的水面上、聖地拉魯島四周，都設置許多浮嶼，上面也會種植野薑花，但其實這些浮嶼並非一直都在。日治時期，日人擔憂浮嶼會影響發電廠，所以就全數清除。前幾年，邵族製作的浮嶼竹排因為沒有提出申請，因此被縣府稽查小組銷毀。

目前在日月潭上的浮嶼都交由日月潭管理處管轄，不能隨意在上面設置浮嶼。雖然日管處認為這樣可以確保潭面整潔，讓船隻航行比較安全，但是這種硬性規定是否會抹殺邵族長久以來與自然生態共存共生的智慧法則？甚至會影響製作浮嶼的古老技藝慢慢失傳？

潭面下的達克拉哈，也許正在靜靜觀望水面上的世界如何運行。

尋幽線索

伊達邵碼頭、玄光碼頭、拉魯島：周圍都有人工浮嶼。

雲林

奇景二十三　水災與臭聾王爺

探查筆記

道光二十五年（一八四五），雲林的口湖地區發生了大規模海嘯，數千人遭遇水災而死。水禍之後，瘟疫橫行，死者又更多。後來，這些罹難者的屍身都被集體埋葬於四座「萬人塚」。

有一座萬人塚位於口湖的下寮仔，此地在一八五二年修建萬善同歸祠，用水缸裝骨骸，入土後用石灰抹封成小墓，堆砌羅列四百多個小丘墳，豎立「萬善同歸」石碑。

距離此地不遠的金湖萬善爺廟，是從金湖舊港蚶仔寮的開基萬善祠分靈過來，也是為了紀念這次水災喪生的人們。廟內有一尊「九頭十八手戰水英雄」雕像，據說當初大水淹來時，有一位陳姓壯漢返家見母親已然陷溺，儘管心情悲傷，但他一見到附近有八名孩童情況危急，依然奮不顧身向前搭救，將他們都背起來。但是水勢凶猛，壯漢與孩童仍舊溺斃。為了紀念這位勇士，居民便為他塑造雕像，敬稱「大萬人」。

關於道光年間的恐怖水災，民間還流傳一種神怪說法。據說，這個水災原本要淹沒東港的蚵仔寮，因為玉皇大帝打算懲罰蚵仔寮的居民。但是，接獲聖旨的「臭聾王爺」耳朵不靈光，將「蚵仔寮」誤聽成「箔子寮」，於是臭聾王爺就讓洪水淹沒新港的箔子寮（口湖鄉與四湖鄉的交界處），造成慘烈災情。

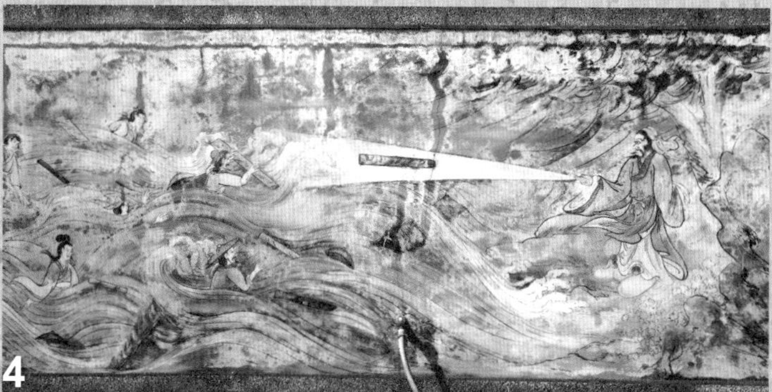

❶下寮萬善爺廟的門口。
❷金湖萬善爺廟的「九頭十八手戰水英雄」雕像。
❸下寮萬善爺廟的萬人塚。
❹下寮萬善爺廟的牆壁上，繪有身穿藍衣的臭聾王爺施放洪水的壁畫，繪製者是林厝寮蔡火明。

因為臭聾王爺違背天意，所以遭受天誅，變成大鯨魚擱淺，斃命於海灘，讓居民可以挖食鯨肉。傳說只要吃了鯨魚油，病痛就能痊癒。

傳言也提到，臭聾王爺是一隻龍，所以是「聾龍」。不過，我聽金湖萬善爺廟的管理人說，臭聾王爺是一尾魚，可是因為故事太古老，已經不清楚是什麼魚。不論臭聾王爺是龍神或魚神，祂在民間傳說中成為犯錯的神使，似乎也呈現了人們對於這場滔天水災的究責心理。

今日，金湖萬善爺廟固定在每年農曆六月舉辦「牽水䡾」祭儀，紀念百年前因水災而死的先人。居民們藉由祈福儀式，慎終追遠，同時也傳承歷史記憶。

尋幽線索

- **下寮萬善爺廟**：雲林縣口湖鄉下崙村二鄰下寮路七〇之六號。
- **金湖萬善爺廟**：雲林縣口湖鄉港東村民主路五號。

奇景二十四

豬娘娘廟的黑皮夫人

神靈講古

清國時期，蚶仔寮有一戶養豬人家，他家裡的母豬連續兩晚逃出圍籬，跑去啃食附近園地的番薯葉。番薯園的主人在第三天發覺災情，他當晚埋伏在田溝，等到母豬又來覓食，便舉起鋤頭想威嚇牠。沒想到鋤頭敲在豬鼻頭，母豬一命嗚呼。

隔日，豬主人看不到母豬，尋覓之後，才在番薯園找到母豬屍體。他帶回豬屍，剖腹之後，發現豬肚內有十二隻將出生的仔豬（七公、五母）。豬主人本身是一名「畫符師」，為了報復，就將母豬的豬首浸泡尿液，四十九天之後撈起，將豬頭貼上符咒，埋在番薯園主人家的附近。不久，番薯園主人亡故，他與母豬雙雙進入地獄。

母豬向閻羅王喊冤，告狀索討十三條性命，所以閻羅王就賜予母豬「烏令旗」（冤魂索命的合法證明）。此後，母豬陰魂作亂蚶仔寮，豬主人與番薯園主人的家族都遭遇不幸，農民收成不佳，採收的花生殼裡沒有花生仁，因為都被母豬啃光。等到事態越來越嚴重，蚶仔寮港口宮的媽祖決定出面勸阻。母豬陰魂同意不再作祟，讓村民在蚶仔寮武聖爺廟旁建一座廟奉祀祂。最後，玉皇大帝收回了「烏令旗」，封母豬為「黑皮夫人」。

——改寫自謝國祥口訪紀錄

黑皮夫人

探查筆記

以上的故事，改寫自東石鄉港口村耆老謝國祥的口訪紀錄（原始文章由洪惠璟整理，發表於生態旅遊工作者賴鵬智的個人網站）。

港口村，古名「蚶仔寮」。在港口宮媽祖廟附近、嘉6鄉道的路旁，有一座豬娘娘廟，廟中奉祀的便是故事所描述的黑皮夫人。在廟中有一塊掛字，寫著「黑皮將軍、黑皮夫人」的神位，據說當初母豬肚腹中的仔豬就是被封為黑皮將軍。

原本的豬娘娘廟與武聖爺廟只是簡陋的「三片壁」（只有三面牆壁，無門），大約是在日治末期、戰後初期，才改建成兩間毗鄰的磚牆小廟。

實際走訪當地，豬娘娘廟與武聖爺廟並不大，廟埕有鐵皮屋頂遮風避雨。雖然廟小，位處偏僻，不過據說在農曆四月二十日豬娘娘壽誕日，鰲鼓、港口、溪下三個村落的人們都會來敬拜豬娘娘。昔日大家樂賭博盛行，許多人也會來廟裡向豬娘娘求取明牌。

傳說中，豬母陰魂向閻羅王告狀，獲得索命黑令旗，鄉野怪談讓人嘖嘖稱奇。事實上，「豬母鬼」的故事在民間時有所聞，例如臺南北門區的鎮海將軍廟也是祭拜冤死的豬母，經過紀府千歲指點建廟，才平息豬母怨氣。

文史學者林培雅采錄臺南故事，提到以前石門國小有豬母鬼出沒，豬母鬼還會在教室內「放屎」。若被豬母鬼作祟，就會生病、肚子痛，需要去問王爺如何處理（例如燒符化煞），或者去收驚。

在日治時期，鶴田郁著作的《臺灣むかし話》第三輯（一九四三），有一篇〈豚母鬼〉，情節曲折離奇，值

1

2

3

4

❶豬娘娘廟的神像。

❷廟內的掛字雖已模糊，但比對前人照片，應是題寫「黑皮將軍、黑皮夫人」，下方寫著「神位」兩字。

❸豬娘娘廟內的匾額，上方書寫「護國祐民」，放置時間是一九八七年農曆四月的豬娘娘安座大典。

❹港口宮媽祖廟。

得一述：

據說，有一頭母豬死後被埋在地下，吸收日月精華之後，靈魂復甦，住在一座祠堂內。豬母鬼喜愛吃人，將一位吃掉的少女收為部下，命令她誘拐人類過來。有一位男子來祠堂過夜，成鬼的少女提醒男子要注意豬母鬼，男子因此使計作弄豬母鬼，讓豬母鬼答應不再害人。少女骨骸後來變回了肉身，男子便與少女結婚，還生下孩子。不過，豬母鬼心有不甘，返回復仇。男子一家躲進寺廟中，幸好豬母鬼被廟裡的寶刀殺死。

尋幽線索

豬娘娘廟：嘉義縣東石鄉嘉6鄉道。

《臺灣むかし話》第三輯，〈豚母鬼〉文章中的插圖。

奇景二十五 水牛厝的牛將軍廟

神靈講古

在十六世紀，有一位隨著國姓爺來臺的部將葉覲美，奉命率領軍隊來到現今嘉義的水牛厝屯兵，也從中國帶來八頭水牛助耕。

但是，拓墾艱辛，八頭水牛相繼過勞而死。軍民感謝水牛奉獻，不忍食其肉，將牠們隆重下葬於村內大埤（池塘）旁邊。之後，村內卻怪事連連。

例如，農民在大埤附近放牛，埤水中總會多出一頭牛，把牛群牽上岸，數量卻無異常。或者田邊常見到一頭水牛在偷吃稻、蔗，隔天查看田地，卻無偷吃痕跡。居民皆認為這是水牛神的化身，稱祂為「金水牛」，並且立廟祭拜。金水牛出沒的地方，被稱為「水牛穴」，水池則是「金牛埤」。

探查筆記

葉覲美據說是現在水牛厝葉姓家族的先人，生有一子葉明邨，他的墓地位於嘉義市山仔頂植物園的後方，也是嘉義市的市定古蹟。「明郵」之意，便是紀念當時屯田的事蹟。不過，關於「葉覲美」另有一說，這其實不是人名，而是葉姓家族祭祀公業的名稱。

牛神傳說是水牛厝流傳已久的故事，於是當地的慧明社醒善堂便在一九七三年蓋了一座「牛將軍廟」，廟址位在五聖恩主公廟旁邊。這座廟的故事，經由《聯合報》的報導，引起了蔣經國總統的注意。蔣經國在一九七八年拜訪此廟之後，指示擴建牛將軍廟，希望能夠發揚水牛厝的農業精神。

嘉義縣政府接到蔣經國指示，便決定在俗稱「金牛埤」的大埤上填土，整建成農村文物公園。此公園在一九八八年完工，園內還有一座新蓋的牛將軍廟，將慧明牛將軍請到這間新廟供人祭拜。

我到嘉義拜訪牛將軍廟的時候，正逢牛將軍聖誕祭日，不論是慧明牛將軍廟或者是水牛公園內的牛將軍廟都供奉著鮮花素果，為牛將軍恭祝千秋。很特別的是，供桌會放上畜牧用的飼料，貢獻給牛將軍。

尋幽線索

- **慧明牛將軍廟**：嘉義縣太保市南新里，五聖恩主公廟旁。
- **水牛厝牛將軍廟**：嘉義縣太保市南新里中山路一段六十四號。

❶慧明牛將軍廟的門口。
❷慧明牛將軍廟內的水牛神像與牧童。
❸水牛公園的門口，兩旁有兩尊水牛雕像。
❹水牛公園內的牛將軍廟的水牛神像與牧童。
❺供桌上放置飼料，貢獻給牛將軍。

奇景 二十六

奇遇：白骨精、水鬼、魔神仔

我有緣認識任職於嶺東科技大學的陳美老師，聽陳老師提到，她的父親有過多次神怪體驗，故事玄奇。因此，我特地登門拜訪陳美老師的老家，向陳慶章先生詢問相關故事。

陳美老師的老家是三合院，位於春社里嶺東科技大學附近。春社里舊稱「番社腳」，數百年前曾是平埔族巴布薩族的居住地，此地也留下「番仔井」等等遺跡，作為平埔族曾經在此活動的證據。

陳慶章先生年齡九十歲，老當益壯，拜訪當日的下午，他剛從山上「度假」回來。一開始，陳先生熱情地講述春社里以前的故事，例如這裡有一座復興宮，供奉楓府千歲，俗稱「楓樹公」，據說昔日有一棵大楓樹，靈驗無比，故建廟祭祀。聊著聊著，陳先生也提及自己經歷過的一些奇異事件，其中有三件往事，與妖鬼神怪相關，很值得記錄下來。

復興宮的楓府千歲，神蹟靈驗。

陳慶章先生。

❶白骨精

陳先生二十九歲的時候在金門當兵，曾有恐怖體驗。當時因為住屋很少，他必須和營隊同袍一起在土丘挖地洞，將挖好的土坑鋪上稻草，就成為睡覺場所。土坑無法挖得很平整，空間也不大，躺臥的姿勢只能頭高腳低，一個坑內會有九個人擠在一起。

某一天夜晚，陳先生入睡已久，突然感覺身體不舒服。他緩緩醒來，看到一個模糊的影子在前方出現，甚至舉起白色的手掌，試圖撫摸他的胸膛。

陳先生心驚膽跳，趕緊拿起隨身的護身符，祈求眾神保佑。當他一摸到護身符，詭異的白影就消失不見了。

之後不久，土坑因為結構不穩而崩塌。塌下來的土塊中，驚見許多白骨，有手骨也有腳骨。陳先生恍然大悟，原來當初遇到白骨精。從此之後，他相信人死後確實有魂。

❷水鬼

春社里有一條圳溝，名叫「知高圳」，可以灌溉農田。陳先生說，這條水圳以前常常發生溺水事件。

有一天，他在田裡工作的時候，發現知高圳的水面漂浮著一個女嬰，看起來才三歲多，似乎喝了很多水，即將溺斃。陳先生趕緊跳入水中，將女嬰撈起，讓她將水吐出來。幸好，女嬰吐出水，恢復了呼吸。當時是冬天，陳先生將女嬰衣服脫掉，再用毛巾包裹著她，讓她不會太冷。經過陳先生的搶救，女嬰安然無恙，順利返家。

不久之後，陳先生作了一個夢。夢中有一群沒穿衣褲的小孩圍著陳先生，跟他說：「你打壞我們的買賣！」

陳先生不認為這個夢境與拯救女嬰的事情有所關聯，不過之後陳先生的兒子與女兒（也就是陳美老師）相繼發生不好的事情。

根據陳美老師的補充說明，當時他的大哥背後長瘡，昏迷不醒，請神明「處理」之後才好轉。而陳美老師在小學五年級的時候，曾經意外掉進知高圳。幸好當時有一名王姓的軍人在附近，趕緊將她救起來。

陳美老師之後在嶺東大學教書，也遇到怪事。她住在學校附近的公寓，晚上經常睡不好，感覺房裡有很多聲音。所以陳美老師請了一尊觀音菩薩到公寓內，奉神之後，怪事再也沒有發生。她有一天作夢，夢到水裡有很多人在笑，似乎是菩薩在幫忙祂們，讓祂們可以不再受苦。

知高圳，水面青綠，深不見底。

至於那名獲救的女嬰，之後平安長大，也結婚嫁人。

❸魔神仔

陳先生大約在三十、四十歲的時候，曾經在家門前看到魔神仔。

當時是晚上七、八點，魔神仔站在路旁的紙箱上，全身都是灰色的毛，眼睛很大，身材矮小，站起來有一百二十公分左右。魔神仔看起來像猴子，但是絕非猴子，因為祂的嘴巴非常平整，一點也不像猴子的嘴巴，整個模樣看起來就是非常怪異，所以陳先生認為祂是魔神仔。

陳先生趕緊拿起身旁的棍子防身，魔神仔隨即離開紙箱，以詭異的踏步方式走路。陳先生手持棍棒，也跟著走過去，一直走到附近的街道。陳先生大喊，想叫別人來，但是沒有人聽到。魔神仔一下子就溜進米色的轎車下，陳先生趴下來看，卻不見魔神仔蹤影。雖然陳先生之後再也沒有看見魔神仔，但是他認為魔神仔應該還躲在附近。

據說魔神仔消失的街道，以前周遭是紅磚屋，現在已經蓋了大樓，街道車水馬龍。

其實，魔神仔所消失的街道，街角是一座三合院，四十多年前曾經發生過爆炸慘案。一位士兵偷拿手榴彈，意外引爆，造成三人死亡，多人重傷。據說當時有一個民眾肚破腸流，在地上爬行求救，最後仍然身亡。

爆炸事件過後不久，陳先生就遇到了魔神仔，所以他懷疑當時的爆炸案，也許與那名魔神仔有關？

儘管陳先生有過許多不可思議的經歷，也與魔神仔對峙過，但他並不認為鬼怪經常在人前現身，很多時候都是疑心生暗鬼。他認為最重要的是心念要「正」，因為世間的道理就是「邪不勝正」。

奇景二十七　沙鹿收驚採訪記

探查筆記

我經常造訪沙鹿一家老字號的收驚舖，向舖內的執事人員請教關於收驚之事，希望能更加理解這一種歷史悠久的臺灣民俗儀式。

鋪內有兩名宗教服務人員，收驚阿嬤與收驚阿姊是一對母女。這家店舖最早是由阿嬤的婆婆收驚，後來才傳至阿嬤、阿姊。現今，阿嬤已收驚六十多年，阿姊的收驚經歷則是三十多年。

「收驚」是一種很特殊的民俗文化，人們認為如果心神不寧、沖犯神煞，就需要藉由這種安魂儀式，讓靈魂安穩下來。根據收驚的阿姊所述，會來收驚的人大多發生以下這些狀況：頭痛、感冒、身體不舒服、跌倒、路上遭遇意外（如車禍）、作惡夢、運氣不好、諸事不順……等等。最常見的是小孩受驚，例如小孩發燒、不易入睡、臉浮青筋、拉青屎……等等。有時候人們看到喪家，渾身不舒服，認為自己被「煞到」，就會來收驚。或者，子女即將面臨考試，為了讓子女考運好、身心安寧，也會來收驚。或者，年關將近，家裡要大掃除，人的心靈也需要清掃，全家就會來收驚，驅除穢氣，迎接光明的新年。此外，也有比較特別的案例，例如狗主人會帶小狗來收驚。

沙鹿收驚舖的門口。

藉由米粒的排列方式，可以測知受到何種驚嚇。

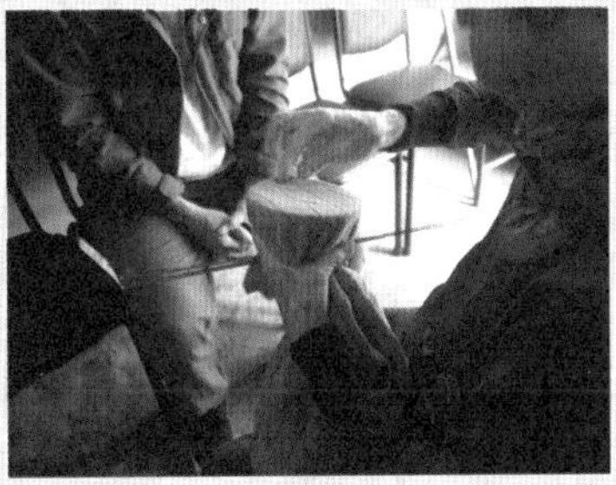

收驚阿嬤正在搓撫米碗。

收驚舖內供奉的神像。

收驚方式有許多種，各地的宮廟、神壇也有不同的形式。比較簡易的方式，可以拿三炷香或者是金紙，在求治者的頭頂、身體前後繞一繞，達到驅邪除穢的功效。這家沙鹿收驚舖的方式則是傳統作法，需要使用求治者的衣物來收驚。

首先，求治者必須提供一件衣服，施術者會將這件衣服包住一碗米。衣服稱為「魂衣」，米則是「魂米」。施術者會向求治者詢問姓名、生日、歲數，並且禮拜神壇供奉的佛菩薩。接著，施術者會在求治者前方搓撫用衣服包住的米碗表面，同時口中呼請諸佛菩薩護佑，讓求治者平安健康。搓撫米碗數分鐘之後，施術者會掀開衣服，觀看米粒的排列狀態，因為米粒的排列方式能夠說明求治者究竟受了什麼驚嚇。藉由儀式的過程，施術者會解開求治者心中的疑惑與不安，使對方安魂定魄，將三魂七魄喚回來。

阿姊認為，收驚就像是看身心科一樣，這是傳統上的心理治療方式，能夠藉由信仰、宗教的力量，調整心靈與肉體之間的平衡。很多時候「人嚇人、嚇死人」，這時候就需要藉由一些方式安穩心靈，而收驚就是臺灣民俗最常見的安魂方式。阿姊也說，有時候求治者是因為病痛而來，他們本身就會服用醫生開的藥，會來收驚是因為認為「要人也要神」（臺語俗諺），也就是說，人力與神力都要互相配合。

訪查收驚舖的時候，阿姊經常分享一些印象深刻的收驚經驗，我將其中兩則故事記錄如下。

❶醫院怪事

一位年輕的女子前往某醫院，夜晚的時候上廁所，在廁所內的隔間中聽到外面傳來怪聲，聽起來應該是烘手機發動的嘎嘎聲。可是廁所中明明只有她一人，她沒有聽到有人進入廁所。女子十分驚恐，趕緊跑出去。之後，女子依然心有餘悸，惶惶然不安，於是就來給阿姊收驚。

❷線痕

有一位四十、五十幾歲的婦女來收驚，阿姊觀看米碗中的米粒排列，隱約出現一條線的痕跡。阿姊詢問對方，最近是否曾經被類似「一條線」的東西驚嚇到？因為很多來收驚的人都是被狗嚇到，阿姊本來以為「一條線」可能是狗尾巴的意思，不過對方則說，她是在菜市場內被一條跳起來的鰻魚嚇到，鰻魚的身形確實就像「一條線」。

奇景二十八

聽暗掛：中秋聽香的占卜實驗

臺灣在古早時代，每逢元宵、中秋，婦女們喜愛實行名為「聽香」的神奇占卜儀式，臺語說法是「聽暗卦」。

儀式一開始，必須拈三炷香，在神佛之前進行祈禱，說出自己想要藉由「聽暗卦」來預知未來之事，請神佛給予指引。祈禱之處，不論是自家神壇或者地方宮廟皆可。祈禱結束之後，再將三炷香插在附近牆角地面，觀看香煙飄往何方。煙飄方位，即是接下來要前往的方向（另一種方式，可以擲筊占卜前往何方）。行進之間，若偶然聽到他人說話，對方說出第一句話必須記住，就算只是隻字片語也算數。然後再返回神佛之處，擲筊向神佛詢問這句話是否就是「神諭」？若得到一陰一陽的「聖筊」，就代表這句話就是占卜者想要求取的預言。

聽香的起源，應是源自唐朝就存在的「鏡聽」。王建的〈鏡聽詞〉與《聊齋誌異．鏡聽》都有提及此儀式。差別只在於，「鏡聽」需要懷抱鏡子去路上偷聽他人之言。

不管是抱著銅鏡或者拿香去偷聽別人說話，似乎都很荒誕，但是這種聽卜術在以前十分盛行。據說日軍入臺初期，島上兵荒馬亂，有一戶大稻埕的人家不知該不該逃，就依聽香結果，守在家中。結果逃離的鄰人都未返回，只有他倖免於難。

在明治三十四年（一九〇二），《臺灣慣習記事》曾記錄一名婦人聽香的過程。直到一九四〇年代，《民俗臺灣》雜誌也記錄此事，不過卻說該儀式漸漸不再風行。到了戰後，《民聲日報》仍報導過聽香習俗，字裡行間則是以「傳說」的詞彙來稱呼，很有可能這種儀式在當時已經式微，民眾不會真的去執行。

聽香是否那麼不可思議？當我查閱文獻時，心中不斷浮出這種疑問。不如，就實際執行看看吧。於是我在二〇一八年的中秋之夜，效仿古法來占卜吉凶。

我家附近有一座供奉三府王爺的「保安宮」，我經常去廟裡祈求平安，於是決定在此處聽香。

夜間七點，夜月圓亮，我走進宮內，拈起三炷香，向三府王爺靜心祈禱。

究竟該詢問什麼呢？那時，我正好重感冒一個多禮拜，很不舒服，前一天甚至因為鼻水流不停，徹夜失眠。所以我便決定詢問，這一次感冒何時會痊癒？

根據文獻上看到其他人詢問聽香的問題，大多十分嚴肅，例如終身大事、性命攸關之事。不過這類重大問題需要長時間等待，不如詢問可以短時間就知道答案的問題。並且，答案容易檢驗，也不會模稜兩可。如此一來，便能有效驗證聽香儀式的可信度。

當我向王爺祈禱完畢，隨後便在廟埕地面，插放三根香柱。根據香煙飄散的方向，是東南方。於是，我便往這個方位前進。

這個方位對應的街道是忠勇路，是一條大路。因為這個儀式必須要偷聽他人說話，這種有些「偷雞摸狗」的行為，讓我的心情感覺緊張。

我本來預期很快就能聽到路人談話，但可能夜晚風冷，再加上我行走的道路附近較少住家，竟然二十多分鐘都毫無成果。就算對街有人說話，也因為風聲吵雜而聽不見。

在保安宮執行聽香儀式。

向王爺祈禱，請示能否進行聽暗掛。

將三炷香插在廟埕的盆栽，觀察香煙飄散方向。

走在忠勇路上，想要偷聽暗掛。

聽到暗掛之後，返回保安宮，手持杯筊，向王爺詢問聽到的話語是否是神諭。

擲筊之後，獲得聖筊。

本來有些高昂的興致，逐漸覺得無聊之時，對面走來一對父女，兩人很開心地聊天。穿黃色洋裝、大約九歲的女童開口說：「……草發芽，感到很開心……。」

擦肩而過之際，我只能模模糊糊聽到這句話。

我趕緊記住這句話，然後返回保安宮，向王爺請示是否這就是聽香的結果。我拿起筊杯虔心祈禱，擲出之後，立即獲得了一陰一陽的允筊。這時候，時間是七點四十五分，整個儀式花費了四十五分鐘。

看起來，「草發芽，感到很開心」，這句話預言我的生病狀況。不過，究竟這是什麼意思？

我懷抱著不明所以的疑惑，難道這是在說家裡栽培的植物會發芽？沒有想到，綠芽卻是在意想不到的地方萌發。

某日，我的一位家人夢到陽臺栽培的塊根植物「山烏龜」長出新芽，成長飛速，甚至不斷冒出莖枝，湧出嫩葉。雖然現實中，山烏龜並沒有發芽，但是說也奇怪，我從那一天起，確實病情明顯好轉，鼻水停止，感冒好了九成以上。

很有可能，康復只是恰巧。或者，因為我曾跟家人吐露進行聽香儀式，日思夜想，家人才夢到山烏龜發芽。玄秘之事，以任何理論去解析都可以。不過，藉由這次體驗，我的心底對於「聽香」，已然浮現肅然起敬的心情。

奇景二十九　臺日妖怪模型比賽

妖怪形象千奇百怪，能讓想像力盡情飛揚，因此成為製作模型、玩偶的原型師的靈感素材。這幾年來，許多臺灣原型師，也致力於雕塑妖怪模型，並且也有相關比賽鼓勵創作。在二〇一七年，由臺灣、日本共同舉辦的首屆妖怪造型大賽「第四屆臺日妖怪造型大賞」，便有諸多臺灣原型師榮獲獎項，第一大獎也由臺灣人劉宇桓奪得，可見臺灣原型師的實力非凡。

臺日妖怪造型大賞的主辦者是日本小豆島「妖怪 Project 執行委員會」，他們其實已經舉辦過三屆妖怪模型比賽，第四屆比賽則與臺中的「綠光＋marüte 藝廊」共同舉行，廣邀臺灣與日本的妖怪模型作品。隔年二〇一八年，臺日妖怪模型競賽也繼續舉辦。

其實在這兩屆的競賽中，臺灣原型師以臺灣妖怪為主題的創作並不多，許多作品還是偏向日本妖怪，甚是可惜。不過，這個比賽也鼓舞了臺灣原型師可以向臺灣妖鬼神怪故事取材，比賽中出現的虎姑婆、海翁、海和尚、魔神仔、豬母妖……等等模型，都讓人印象深刻。

〈虎姑婆〉，臺灣原型師「嵐」的作品。

〈魔神仔：戰利品研究中〉，臺灣原型師沈家平的作品。

〈海和尚〉，臺灣原型師黃皓的作品。

奇景 三十

七月鬼門開

臺灣人相信農曆七月鬼門開，稱呼七月是「鬼月」。在這一個月分，陰間的鬼門會打開，鬼魂可以返回陽間探望親人，也可以享受人們供奉的飯菜佳餚。直到七月最後一天鬼門關，鬼魂才會回到陰間。

祭祀「好兄弟」的日子，經常是七月十五日，也稱為中元節。宮廟會在這一天舉辦盛大法會，進行普度儀式。社區民眾的普度，則可以簡略，只需要在門外準備飯菜「拜門口」，或者與街坊鄰居一起舉行「街普」。

眾鬼諸魂一同歡慶中元，可能有人會擔憂，如果妖鬼尋釁滋事，又該怎麼辦？別擔心，普度會場內，會有一尊「鬼王」坐鎮，監督現場秩序。

鬼王，又稱「大士爺」、「普度公」、「面燃大士」。普度會場的大士爺神尊，由紙糊成，造型通常是青面獠牙，身披盔甲，吐出的長舌猶如紅色火焰。大士爺威嚴、猙獰的面容，足以震懾千萬鬼怪，保庇普度儀式能夠萬事平安。等到農曆七月的最後一天，所有的法會祭儀都順利完成，才會將大士爺的紙像火化，象徵鬼月的祭祀終於圓滿完成。

二〇一七年，臺中沙鹿市場慶讚中元的普度現場。

沙鹿市場的普度。

二〇一八年，臺中三聖宮普度會場內的大士爺。

三聖宮普度會場的香位，奉祀境內男女孤魂。

沙鹿市場普度會場內的大士爺。

南部

N
脈
八寶宮
大路關
屏東
烏鬼洞
高雄

中 央 山
石母宮
林投姐祠舊址
白馬名家
永華宮
赤崁樓
孔廟
臺南

奇景三十一

府城怪談：林投姐復仇記

鬼魅講古

清朝光緒年間，臺南府城有一名寡婦，名叫李招娘，獨立養育兩男一女。幸好她丈夫生前經營貿易行所賺的錢財，足夠她們母子衣食無慮。而她丈夫生前有一位來自汕頭的商人朋友，名為周阿司，眼見招娘家擁巨金，頓起賊心，一步步靠近李招娘。

當周阿司順利取得招娘信賴，甚至與她成為情人之後，他就告訴招娘，他想購買樟腦，轉賣至香港獲取暴利。招娘不疑有他，不只將家中積蓄都交給阿司，甚至還向錢莊借錢，抵押房子，湊足一萬多兩。豈料，周阿司在香港將貨售出之後，就前往汕頭，一去不返。

招娘明白被騙，連哭數日，無可奈何。當債主上門討債，只好將家中值錢的衣裳、器具變賣，連房子也被取走。不久之後，兩名兒子因飢餓而死，招娘無路可走，只好帶著剛滿三歲的幼女來到林投林下。她先扼死了女兒，然後再把一條繩子拴在林投樹上，投環自盡。

此後，林投樹旁，經常出現一條女魂。她會向小販買肉粽，小販本以為生意上門，但馬上發現收到的錢變成了銀紙。小販喊住對方，沒想到那名女子披頭散髮，口裡伸出二、三寸長的舌頭……從此之後，村人皆知「林投姐」

林投姐

的存在，並且為她蓋了一座小祠。

某日，一位名叫周天道的算命先生路過林投林，得知林投姐之怨，決定幫她復仇。周天道雕製一個神主牌，再以一支傘遮蓋，呼喚林投姐之名，就讓她能隨行，跟著周天道上船來到汕頭。最後，周阿司目睹林投姐鬼魂現身，精神發狂，將另娶的妻子、兒子都殺死，自己則被林投姐掐住脖子，倒地氣絕。

探查筆記

林投姐傳說家喻戶曉，以上的故事改寫自廖漢臣在《清代臺灣三大奇案》（一九五五）中的篇章，也是最通俗的版本。林投姐之事，發生於清國時期，但是確切年代、地點、人物已經難尋。目前看到的故事版本，可能都是民間軼聞加油添醋、文人潤飾過後的成果。

日治時期的文獻，例如片岡巖《臺灣風俗誌》（一九二一）、《臺灣に於ける支那演劇及臺灣演劇調》（一九二八）、《三六九小報》（一九三一）、《臺灣民間文學集》（一九三五）、《臺灣演劇の現狀》（一九四三）……都有林投姐的相關記載。文學家林逢春也曾將此事寫成詩歌，註明林投姐「**誤適匪人，一貧如洗遂萌厭世**」。其詩如下：

古書《台灣四大奇案》的封面，描繪林投姐在樹下向小販買肉粽。

苦守孀幃志不終，誤聽媒妁續絲桐。
背財席捲身誰託，縊死林間作鬼雄。

——赤崁西河逸老（林逢春）〈崁南故事六首：林投姉〉（一九三〇）

戰後，林投姐鬼譚依舊流傳不歇，甚至改編為電影。在一九五六年，由唐紹華導演、慕容鍾編劇的《林投姐》在北投開拍，外景包括安平港、赤崁樓、孔廟等地，女主角則由歌仔戲知名歌旦「愛哭昧」擔任。愛哭昧本名陳秀娥，約出生於大正二年（一九一三），從事歌仔戲表演獨樹一格。她唱腔悲苦，哭調動人，不只是本島人喜愛，連日本人也為之傾倒。

這齣林投姐電影，改編自廖漢臣撰寫的林投姐故事，上映之後造成轟動。尤其是飾演林投姐的愛哭昧，演技觸動人心。藉由這部電影推波助瀾，林投姐傳說更廣為人知。

小時候，我在童書中讀到林投姐，心裡非常震撼。長大之後，我才逐漸明白故事中隱含的歷史背景（渡海通商）、民俗概念（以傘遮魂）……等等脈絡，始知這段故事不只是善惡有報的道德教訓，更呈現出臺灣特有的島嶼風情。

照片中的人物，即是飾演林投姐的演員「愛哭昧」，出自一九五六年九月一日《攝影新聞》的老報紙。報中文章說明：**「她擅演悲劇，多是邊唱邊哭，所以觀眾便叫她愛哭昧，昨天隨片登臺，歌唱時果然一面唱一面哭。」**

為了想更加了解林

❶葉茂樹密的林投樹叢，有些陰森恐怖。

❷林投樹的根部。

❸林投樹的果實，很像紅色的大鳳梨。果實高掛樹上，畫家張季雅曾問我：「夜裡看起來是否像是掛著人頭？」

❹楊麗花飾演林投姐的電影，上映於一九七九年。

❺一九七二年上映的電影《可恨的人》，改編自林投姐傳說。

❻一九八八年的《林投姐》電影海報，女主角施思的幽魂扮相非常經典。

投姐，我前往傳聞林投姐祠的地點——民族路「東亞樓」附近。只可惜滄海桑田，民族路一帶車來人往，不見任何遺跡，連林投樹也無。根據學者王釗芬訪問耆老林燕山的結論，小祠應在大正九年（一九二〇）之後，因為市區開發而被拆除。

或許，更貼近林投姐的方式，莫過於親眼見識林投樹吧！因為這是林投姐魂魄憑依的重要物件。林投樹主要生長於海岸，別名露兜樹，常綠灌木，葉片有銳刺，莖上長有氣根，會往下延伸，可吸收養分，也能增強抓地力。

但如今都市開發，沒有太多經濟價值的林投樹都會被挖除，我也從未在臺南見過此樹。前幾年，好不容易得知臺中植物園有栽種這種濱海植物，總算能一睹林投樹的真面目。後來，在蘭嶼見過野地滿滿一片林投，葉茂樹密，看起來陰氣森森，難怪傳說中會以林投林作為鬼魂出沒的經典場景。

林投漸稀，似乎也反映了現代很多人未曾聽聞這則府城傳說的現狀。但我認為，鬼故事就是一種歷史的痕跡，只要時代延續下去，林投姐的記憶就會找到屬於她安身立命之地。

尋幽線索

林投樹：海邊野生的林投樹已經少見，臺中科學博物館植物園前方的園地有種植。或者在墾丁、花東、蘭嶼海邊也能看見。

奇景三十二 陳守娘化鬼申冤

鬼魅講古

道光末年，臺南府城亭婦媽廟附近有一位女子，名為陳守娘，嫁給林壽為妻之後，居住在東安坊經廳巷。可惜林壽早死，守娘年紀輕輕就守寡。衙裡的師爺覬覦守娘美豔，於是賄賂守娘的婆婆與小姑，希望她們能夠撮合他與守娘共度良宵。

豈料，守娘守節不願配合，婆婆與小姑氣憤之下，將守娘強押於椅凳之上，以尖錐刺其下體，逼其就範。守娘不從，氣絕而死。

守娘死後，她的弟弟傷心欲絕，想替守娘「封棺」時，察覺其姊遺體異狀，才得知守娘受虐。鄉民也對林氏母女的惡行無法容忍，於是上報官府，想為守娘討一個公道。

知縣王廷幹與師爺本來就有交情，官官相護，想要息事寧人，於是宣稱驗屍無傷。眾人激憤不平，用石塊砸毀了知縣的轎子，王廷幹只好落荒而逃，當地也留下「王廷幹，沒錢無看案」的俗語。官府逼不得已，只好判林氏母女死罪，但師爺早已逃回唐山，逍遙法外。

陳守娘葬身之墓，位於「山仔尾」。傳說她冤魂不散，作祟於府城，甚至顯靈將師爺扼死。儘管如此，守娘依然怨恨難消，夜半化為青光飛舞。仕紳為了地方安寧，請廣澤尊王出面。

廣澤尊王化為一道紅光，與青光纏鬥。尊王法力無邊，守娘一時難敵神威，即將魂飛魄散。此時，觀音佛祖現身，祂感嘆守娘身世，作祟有其冤屈，如果魂靈從此誅滅，未免太過可憐，於是懇請尊王與守娘和解。廣澤尊王有好生之德，願意罷手。守娘則提出條件，她報仇時傷及無辜，請勿追究，並且希望能進入節孝祠，表明自己守節心志。從此之後，才未有鬼魂作亂之事發生。

探查筆記

清國時期道光年間，據說有一位名叫陳守娘的女子冤死，鬼魂作祟府城，連眾神也無法輕易擺平怨氣，最後和解收場。因為陳守娘威力非凡，足以對抗神靈，現代人稱其為「臺灣最強女鬼」。

早期有劉家謀《海音詩》（一八五五）記錄此事，說明事件發生在「道光末年」。在連橫《臺灣通史》（一九二〇）書中，則說當初辦案的官員是「知縣王廷幹」。

王廷幹曾經擔任彰化縣知縣、嘉義縣知縣、臺灣府海防兼南路理番同知、鳳山知縣。若依照這些任官經歷判斷，很有可能王廷幹擔任臺灣府（現今臺南地區）官員時，發生陳

A NATIVE COURT OF JUSTICE.

陳守娘故事提到鄉民報官，請求為陳守娘主持正義。清國時期的官府公堂模樣，可以參考這幅照片，出自一八九七年出版的《南中國寫真》（*Pictures of Southern China ... With seventy-seven illustrations*）。

守娘事件，也就是道光二十四年（一八四四）之後。但也有人質疑，當時王廷幹並非擔任知縣，是否真是他判案？或者因為王廷幹在民間素有罵名，故被栽贓此罪？

若認為王廷幹真的與陳守娘事件相關，則可以依此推估事件發生的時間點，也就是發生在一八四四年至一八五〇年（道光最後一年）之間。

雖然無法證明陳守娘事件究竟在哪一年發生，但是陳守娘含冤而死，確實是鄉人咸信之事。連橫發表在《三六九小報》的〈雅言〉（一九三二）提到，當時在臺南有一位賣唱的盲女，會以月琴彈唱這則傳說。王釗芬訪問國寶級唸歌藝師楊秀卿，楊老師提及早年曾彈唱過此故事，但情節略有不同（守娘丈夫未死，小姑名叫「牽治」，沒有神鬼相鬥，只有鬼魂復仇）。文人劉家謀與林逢春也有詩憑弔：

闔幽郡伯有傳文，吳女沉冤得上聞。
我向昭忠祠外過，披榛空訪守娘墳。

——劉家謀《海音詩》（一八五五）

潔身終守玉無瑕，自嫁癡夫敢怨嗟。
最痛姑嫜心太毒，不從賣俏折瓊花。

——赤崁西河逸老（林逢春）〈崁南故事六首：陳守娘〉（一九三〇）

陳守娘化鬼作祟之事，可以參考臺南的「全臺開基永華宮」在官方網站的說明：「**清乾隆年間本區陳守娘，**

含冤自盡，陰魂不散，里人恐慌，幸賴尊王神威鎮壓幽魂，地方使得安寧。」永華宮原稱「鳳山寺」，之後為了紀念陳永華而改名。依據此間宮廟的官方說法，認為陳守娘真有其事，並且被廟裡的廣澤尊王降伏。不過，廟方卻認為陳守娘事件發生於乾隆年間。

現今的網路平臺、新聞媒體，或者是相關書籍，都會提及陳守娘鬼力浩蕩，連廣澤尊王也無法鎮壓，學者石萬壽撰文〈府城街坊記——大南門〉，也提到此事。不過，我訪問永華宮現任廟公陳先生，他則提出截然不同的說法。陳姓廟公敘述，根據老一輩的人傳下來的故事，當初陳守娘作亂，廟裡的廣澤尊王挺身而出，祂神威赫赫，即將消滅陳守娘。不過，鬼魂若是被消滅，將會魂飛魄散，再也不存世間。這時，觀音佛祖才出面，祂可憐守娘身世，為雙方調解。

廟公的說法有其道理，因為永華宮最早只是小廟，之所以可以擴張為大廟，必是有其神蹟，信徒才會虔誠信奉。若是當初守娘作祟事件無法擺平，信徒必會懷疑神靈。所以，此地最早流傳的故事，很有可能不是說「陳守娘與廣澤尊王打成平手，甚至比祂還厲害」。究竟真相如何，眾說紛紜，故事各種版本都有各自的立場，聽聞者見仁見智。我繼續調查永華宮附近的德化堂，則無法得到更進一步的資訊。根據傳說，當初調停者觀音佛祖，便是來自德化堂的觀音大士。我詢問德化堂約莫七十多歲的廟公，據他所言，他從未聽聞陳守娘事件。因此，觀音大士調解廣澤尊王與陳守娘的情節，是否出自鄉野軼聞，而非廟方本身的說法？此事目前無解，只能等待更多資料出現。

至於陳守娘與廣澤尊王對抗的情節，根據學者黃淑卿訪問永華宮楊宗保先生從耆老聽來的故事，則非常玄奇：

「**當時在『山仔尾』，夜間常可見青光，里民十分驚恐，就請出奉祀於南門城內『鳳山寺』的廣澤尊王出面鎮壓鬼魂，相傳入夜屢見紅光與青光追逐纏鬥，紅光即指廣澤尊王，青光則為陳守娘，最後神鬼談判平息紛擾，地方復歸寧靜。**」

「山仔尾」就是最早安葬陳守娘之地，也就是現今臺南府前路與南門路交叉路口的東南方、臺南女中附近。《海音詩》提到因為鄉民經常祭拜陳守娘，官府認為「惑民」，便將陳守娘墓地遷走。根據此書刊刻年代推測，山仔尾的墓地最晚應該在咸豐五年（一八五五）之後就不存。

在「山仔尾」北方、沿著南門路往北走，就會抵達臺南孔廟。根據民間傳說，陳守娘願意不再作祟的條件，便是入祀節孝祠。在孔廟的節孝祠中有一座牌位，以紅底金字寫上「欽褒節烈邑民人林壽妻陳氏守娘神位」，作為陳守娘故事中最真實的證據。

尋幽線索

臺南孔廟：臺南市中西區南門路二號。

❶放置陳守娘牌位的孔廟節孝祠門口。
❷永華宮的廣澤尊王，俗稱「翹腳王」。
❸陳守娘在孔廟節孝祠中的牌位。
❹德化堂的觀音。
❺辜婦媽廟。據說陳守娘出生於辜婦媽廟附近，從小仰慕辜婦媽。

奇景三十三 情色奇案：呂祖廟假燒金

連曉青編著《清代臺灣三大奇案》（一九五五年）書中，「林投姐」與「周成過臺灣」十分知名。相較之下，很少人知道「呂祖廟燒金」的故事。這段故事發生於清國時期的臺南府城，供奉呂洞賓的呂祖廟，曾經發生淫穢醜聞、殺人命案。我所知的文獻，有四種版本：

探查筆記

❶趙鍾麒（筆名鍊仙）在《三六九小報》第十五號、第十六號發表〈呂廟燒金〉（一九三〇）：據說臺南有一位文士，饒有文名，但家貧落魄，有一位貢生（科舉成績優異者）聘請他去外地的田莊經營租館，文士的妻女就留守家中。當時，有一位屠夫垂涎文士之妻的美色，於是拜託呂祖廟的道姑，幫他和婦人撮合。於是，道姑

明代顧繡《八仙慶壽掛屏》中的呂洞賓畫像。

邀請婦人來廟裡祈禱，暗中讓她服下春藥，屠夫因此遂願。沒想到，婦人芳心暗許，經常前往呂祖廟與屠夫幽會。每當婦人要前往廟裡燒金，都會跟女兒說她會帶糕餅回來，不過每次總會忘記此事。後來，貢生察覺朋友之妻不對勁，派夥計去調查。夥計詢問婦人女兒，她說母親常常去呂祖廟燒金，卻忘記取糕餅回來，騙她獨守空家。女兒之言，讓母親的偷情東窗事發。文士得知詳情之後，其妻才認罪。貢生一怒之下，向官府報告呂祖廟發生的姦情。雖然官府重罰道姑與屠夫，但是「呂祖廟燒金，糕子忘記取回來」的俗語，已經人盡皆知，成為笑柄。

❷連橫在《三六九小報》發表的〈雅言〉（一九三二）：「**前時有尼居之，不守清規，冶遊子弟出入其間。**」也就是說，女尼暗中將呂祖廟作為冶遊的歡樂場，引誘婦女前來。眾人訾議，傳出「呂祖廟燒金，糕仔昧記提來」的諺語。官府知情之後，便將女尼逐出，改為「引心書院」。此外，連橫的《臺灣通史》也有記錄此事。

❸鄭明在《臺灣新文學》發表的〈呂祖廟燒金〉（一九三六）：臺南有一位陳先生，本來在關帝廟教書，但因為收入不好，受到鄭先生邀請，離城去工作。某日，他的妻子帶女兒到呂祖廟燒香祈福，離廟之後，因為忘記將敬拜菩薩的糕仔拿起來，於是返廟去取。這時，一位來自興化的屠夫恰巧看見婦人，為之傾倒。於是，屠夫賄賂呂祖廟的尼姑啟明，藉由她的牽線，總算能與對方偷情。後來，鄭先生察覺此事，發信請陳先生返回府城。陳先生聽從鄭先生的建議，決定嚴懲惡人。他先讓妻子認罪，再藉由妻子引誘屠夫，趁屠夫不備之時，用刀割掉屠夫的舌頭。然後，陳先生再前往呂祖廟，殺死尼姑啟明，並將舌頭塞在尼姑口中，栽贓屠夫強姦不從，因而殺害尼姑。最後，官府逮捕屠夫，讓其伏法。此後，當地就流傳「呂祖廟燒金，糕仔忘記拿回來」的故事。

❹吳劍虹在《清代臺灣三大奇案》撰寫的〈呂祖廟燒金〉（一九五五）：呂祖廟有一位道姑，名叫月仙，暗中與廟旁的屠戶木發成姦。木發威脅月仙要幫他接近一名女子，否則就要洩漏她偷情的秘密。女子是杞家的少婦，名叫素貞，丈夫名叫杞介仁。杞介仁接受郭姓貢生的邀請，數月前就出門去外地的租館擔任掌櫃。某日，素貞參

拜呂祖廟，月仙讓素貞暗中飲下春藥，木發藉機與素貞交歡。素貞返家之後，女兒向她討之前約定要買的糕餅，素貞藉口糕餅放在呂祖廟，忘記帶回來。郭姓貢生知情之後，請杞介仁返家。杞介仁探究此事，才明瞭道姑先下藥妻子，讓木發能夠得逞。素貞知道自己遭受詭計，悔不當初。當木發又來家中，素貞趁機以利剪割掉木發的陽物，木發哀鳴亂奔，摔跤而死。杞介仁則拿木發的陰莖給道姑觀看，趁她驚慌，以屠刀刺死對方。最後，人們發現呂祖廟門前倒臥著失去半截陰莖、裸著下半身死亡的木發，而道姑則死在道房床上，手裡握住半截陰莖。城裡的人都說，道姑為了反抗意圖不軌的屠戶，結果雙亡。

藉由以上四種版本，可以看出呂祖廟傳說經過每一代文人潤飾的痕跡。例如，為道姑、屠夫、少婦……等人安上姓名，或者為屠夫與道姑之死增加更多戲劇效果。

因為這則奇案情節聳動，所以電影公司曾改編為《屠夫》（一九八四），導演王重光，編劇呂繼尚，主演則是劉玉璞（飾少婦）、陳觀泰（飾屠夫）、陸儀鳳（飾道姑）。電影劇情描述，許木發原本是江洋大盜，被官兵追捕之時，結識月仙。他們兩人亡命天涯，將呂祖廟內的老道姑殺掉，竊占其廟。月仙成為廟裡道姑，木發則做屠夫生意。之後，月仙受到木發拜託，撮合他與少婦素貞。素貞飲下春藥，讓木發得逞。素貞雖然屈辱，但只能忍氣吞聲。當素貞得知生死未卜的丈夫從海外歸來，她總算能面對自己。最後，素貞將木發灌醉，趁其不備，用利剪切掉木發陰處，木發受傷奔逃，跌入溪中死亡。接著，素貞殺掉月仙，再切腹自殺。

很明顯，電影改編自吳劍虹的版本，同時也增添許多巧思。例如，讓少婦成為受害者，並且讓她進行「女性的復仇」，這是其他版本沒有的情節。

影視改編除了電影之外，三立電視臺「戲說臺灣」的單元也曾以此為題材，製作〈呂祖廟燒金〉（二〇〇二）

的電視劇。

呂祖廟事件，猶如古代的八卦新聞。至於故事中最重要的呂祖廟地點，位於「柱仔行街」。因為以前此地是貨物集散地，挑夫聚集為「挑仔行」，閩南語音轉寫為「柱仔行」。現在這條街的名字，則改為「府中街」。

據說，呂祖廟有三川門、拜亭、正殿、後殿，規模頗大。不過，此廟早已不存。我訪查此地，已成民宅，只剩下疑似廟殿的梁柱與壁面。雖然舊廟已然消失，但是仍然可以藉由一些線索，旁敲側擊呂祖廟的身世。

嘉慶年間編修的《續修臺灣縣志》曾提到呂祖廟，說明此廟在一八〇七年修建，奉祀「純陽子呂洞賓」。

日治時期，連橫在《臺灣通史》提及引心書院，說它原名「引心文社」，在一八一〇年成立於檨仔林街。一八一三年，知縣黎溶與邑紳黃拔萃商議將之改為臺灣縣轄書院，也就是官辦民營，並且捐款置產。之後，位於柱仔行街的呂祖廟就改為引心書院。一八八六年，知縣沈受謙又將引心書院移至赤崁樓旁，改名「蓬壺書院」。

如果參考以上敘述，那麼「呂祖廟情色案件」發生的時間，

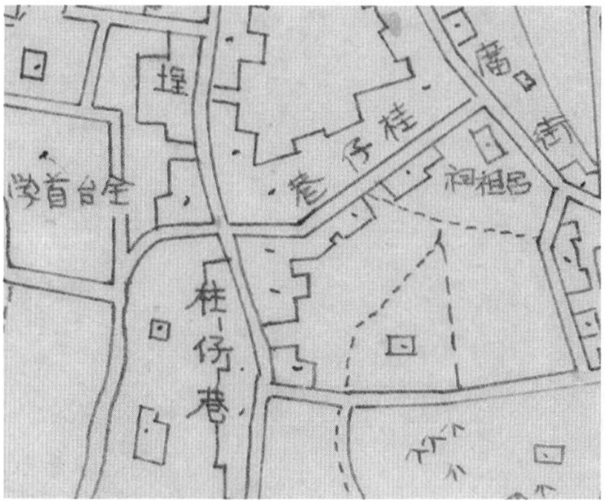

古地圖「臺南府迅速測圖」（一八九六年），標誌出「呂祖祠」位於「桂（應為「柱」）仔巷」的路口。由這項資料可以佐證，一八九〇年後，當地仕紳確實將此地改回供奉呂祖的廟祠。

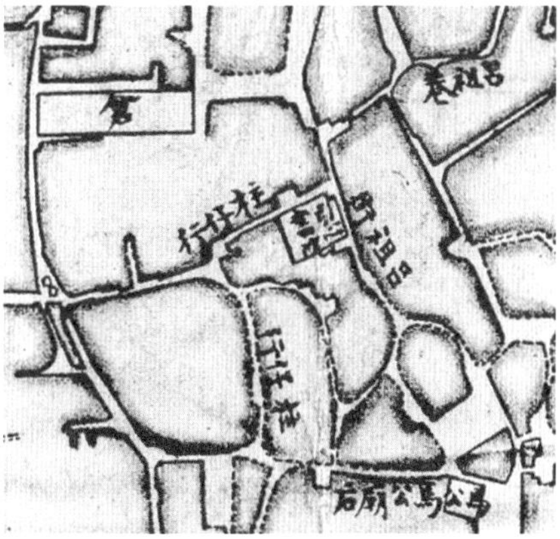

福州船政局測繪的「臺灣府城街道全圖」（一八七五年），畫出「柱仔行」街道，引心書院（原呂祖廟）就位在呂祖街與柱仔行街的交叉路口。

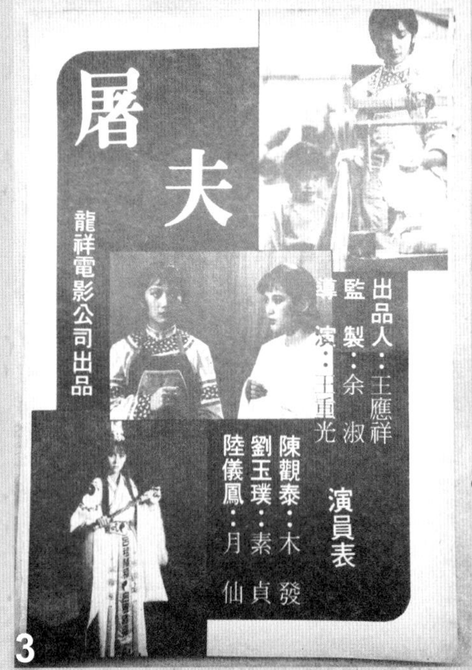

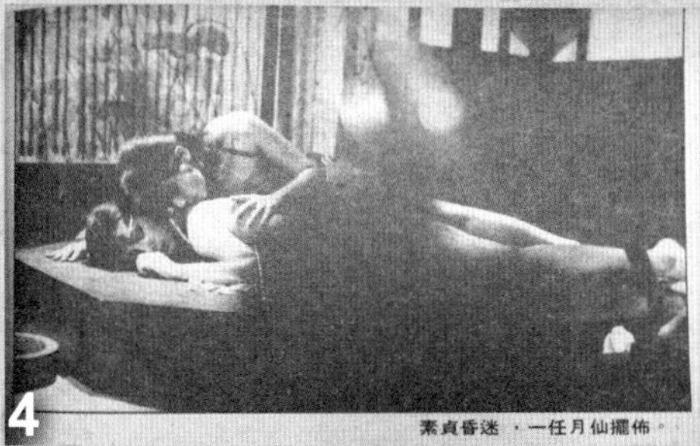

❶府中街九十八巷，遺留疑似廟殿的梁柱與壁面。

❷走入府中街九十八巷，巷弄狹小，難以想像昔日呂祖廟風景，反而有著探險氣氛。

❸一九八四年上映的電影《屠夫》，當時的雜誌刊登的電影介紹。

❹電影《屠夫》的劇照

❺被拆廢的呂祖廟附近民宅，依然奉祀呂洞賓的神像。但原本廟中的呂洞賓神像不知去向。

可能會在一八〇七年至一八一三年的時間之內（但也可能更晚一點，因為連橫文章並未明講呂祖廟改為書院的確切年代）。當呂祖廟淫事盛傳之後，官府與當地仕紳便決定將象徵「道德修養」的書院改建於這塊敗德之地。

儘管呂祖廟看似已經不存，但其實還有後續發展。

根據唐贊袞《臺陽見聞錄》以及《臺灣南部碑文集成》中的〈改建呂祖祠碑〉的文章所述，雖然引心書院後來遷至赤崁樓旁，但是到了一八九〇年，當地仕紳認為棄置的書院（也就是呂祖廟）圮廢已久，於是將之再改回呂祖廟，並在一八九三年立碑紀念。

雖然無法得知改建後的呂祖廟詳細情況，但是到了日治時期，《臺灣日日新報》刊出〈赤崁特訊：選任管理〉（一九二四年八月二十一日），提到呂祖廟選任管理人五名，分別是黃欣、許廷光、陳鴻鳴、趙鍾麒、石秀芳。另一則新聞則是〈三祠管理設定〉（一九二六年九月二十八日）。藉由這兩則新聞，可知呂祖廟直到一九二六年仍在運作。至於呂祖廟在何時毀廢，仍待進一步調查。

雖然這則奇案還有諸多謎題未解，但是從府城開始流傳的「呂祖廟燒金，糕仔忘記拿」、「摜籃仔，假燒金」等等話語，已經成為民間約定俗成的諺語。並且從原本的偷情笑談，衍伸出指稱他人「表裡不一」的意思。

尋幽線索

呂祖廟舊址：臺南市府中街九十八巷。

奇景三十四 石母宮的鄭母奇石

探查筆記

在臺灣祭祀鄭成功母親田川氏的廟宇十分稀少，所以供奉鄭母的臺南鎮門宮、高雄石母宮十分特殊。並且，民間流傳石母宮之所以建立，與鄭成功尋找反清復明基地的過程有關，因此引人好奇。

鄭成功在世時有諸多名稱，福松、鄭森、朱成功都是他的名字，當時世人大多尊稱他為「國姓爺」。而鄭母則來自日本肥前國平戶藩（今日的長崎平戶），其名不詳，只知姓氏田川。

如同國姓爺傳說不勝枚舉，其母軼聞也頗多。據說她在千里之濱拾貝時，意外產子，其子就是大鯨轉世。川口長孺《臺灣鄭氏記事》推論田川氏的家族是武士階級，劉獻廷《廣陽雜記》則敘述鄭母遇見在日本窮途末路的鄭芝龍，並委身相許。崇禎三年（一六三〇），年方七歲的福松（鄭成功）被父親接往中國，田川氏則獨留日本，直到南明隆武元年（一六四五）才前往中國與其子相聚。不過，相聚只有短短時間，隔年清兵由浙越閩，攻入安海，田川氏在戰亂之中被淫，於是自縊而亡（另外也有說法是為了避免受辱而自殺）。黃宗羲《賜姓始末》則敘述鄭成功對於母親遺體的處置：「**成功大恨，用彝法剖其母腹，出腸滌穢，重納之以斂。**」

田川氏逝世之時，鄭成功年方二十三，正是血氣方剛的年紀，得知母親慘死，想必義憤填膺。所以也有傳言，鄭母之死促成了鄭成功誓死反清的決心。

鄭成功在一六六二年占領臺灣南部，雖然不久之後就病發而死，但民間依然盛傳他走踏島嶼各地尋寶降妖的故事。例如，民間傳說鄭成功曾經前往打狗山、玉山尋找玉石。因為曾有鄭成功深入南部山區的傳言，所以這個說法便成為石母宮創廟起源的基礎。民間傳聞，當時鄭成功為了尋找密地藏糧備武，途經一處山谷，發現山中有一塊巨石，彷彿其母端坐其上。鄭成功心有所感，懷念其母，於是命人在石上雕刻「國太一品夫人」等字樣。從此之後，奇石就成為鄉民的信仰對象，並且在巨石所在位置建築石母宮。

我造訪廟宇時，正逢廟中配祀神尊重新粉面完工之日，當地一名文史工作者黃木旺先生為了查看粉面情況也在廟中。藉此機會，我便向黃先生詢問廟史。根據他的說法，當地傳聞鄭氏是在一六六二年來到此地，經過七十年之後，在十八世紀初期，隱藏於山中的奇石才被鄉民發現。根據老照片，以前原本僅有一座簡易石造平臺作為供臺，直到一九八〇年代，才經由信眾集資建廟。

我也向黃先生詢問，關於傳說中石上雕刻字樣，是否為真？黃先生則搖搖頭，他說石上刻字早已磨損不存。

在宮廟管理委員的帶領下，我獲准進入神龕，得以近距離一窺石母的神體。管理委員介紹，石母娘娘庇佑鄉民，尤其愛護婦女，只要是求子育兒的願望，女神都會傾力相助。例如奇石上有一處類似女子乳頭的突出處，只要以茶水灌溉其上，再把流下來的水端回家給小孩子喝，孩童就會平安順遂，變得乖巧聽話。因此，當地有許多父母會來到宮中，將子女過繼給石母娘娘作為契子、契女。

宮廟中除了有石母奇石之外，另外在石母的左前方、右前方分別有兩顆巨石，也是天然形成之石，是在廟宇整地時發現的雙石。地方仕紳說這就像是祭拜神明需要準備的牲禮，一顆石頭是豬，一顆石頭是羊，因此也被廟方稱為豬石、羊石。

儘管石母宮正式建廟歷史只有三十多年，但靈驗事蹟眾多，不只有女信徒來此求拜之後順利得子，也曾經有鄉民在附近遇見石母娘娘顯靈。這幾年來，經過電視媒體、網路平臺的報導，也有諸多香客來訪此地。

儘管在史實中，鄭母結局十分悲慘，但在民間傳說裡，她化身為救濟世人的慈悲女神，默默守護著美濃鄉里。

尋幽線索

石母宮：高雄市美濃區興隆二街一四〇號。

❶石母宮一樓的「成功寶殿」供奉延平郡王鄭成功，二樓的「石母殿」則是祭拜鄭母，殿內懸掛「妙養嬰兒」的匾額，左右兩邊各有豬石（較大）、羊石（較小）。

❷手持拐杖的石母娘娘（一品護法夫人）的神尊，左右兩邊各有持扇宮女，後方巨石即是寄宿神靈的神體。

❸石母神體有一處黑色突出處，傳說是石母左乳，只要灌以茶水，將流下來的茶水端給孩童飲用，便可以驅邪祈福。

❹石母神體的右側，照片中間的突出處，據說是石母右乳。根據管理委員所說，照片左邊的橢圓形凹凸處，則是石母的「第三隻眼」。

奇景三十五 白馬名家的寶藏傳奇

神靈講古

在一百多年以前，宋家夫婦居住在瀰濃庄內，從事耕田、養豬的營生。某一天，他們發現院子裡水缸內的水都消失了，放在一旁要餵豬的豬菜葉（地瓜葉）也不翼而飛。

夫妻兩人躲起來想查明真相，竟然在半夜時分看到一匹白馬從天空飛下來，不只偷吃豬菜，也偷喝水缸內的水。

他們內心惶恐，向庄內的地理師詢問白馬是否會害人？地理師說這是神馬，現身乃是福兆，同時也告知該如何藉此機會致富。

宋家夫婦半信半疑，隔天晚上再度躲在院子裡，又看到白馬從天而降。他們等白馬吃飽喝足之後，就用一件客家藍衫罩住白馬。白馬受驚，飛奔逃走，他們也緊追過去。

當他們追至竹林，白馬卻不見蹤影，只看見藍衫覆蓋地上。於是他們拿開衣服，挖掘這塊泥地，找到了一甕金銀財寶。

探查筆記

以上的故事，由宋雲集先生（訪問於二〇一八年，當時宋先生六十四歲）所講述，他也是故事中宋氏家族的後人，目前居住於美濃博愛街與永安路交叉的街口老宅。

美濃原名瀰濃，當地流傳宋氏先祖獲得白馬寶藏的傳說。據聞宋氏先人成為當地首富之後，濟寒助貧，也建造諸多「茶亭」，每日雇人在亭內「奉茶」，供路人解渴飲用。在清朝光緒年間，宋家建立了家族式的學堂「唫杏書室」（唫是「吟」之古字），提供鄉內學童寄讀。

宋氏家族龐大，開枝散葉，如今後代在教育界、醫學界都有所成就。宋氏後裔不敢遺忘先祖，謹記「青山老屋，白馬名家」的事蹟，於是在一九八四年改建祖堂，每逢除夕、端午、中元就會返鄉祭祖。據宋雲集先生所言，有時人數甚至多達兩百人以上。

因為對於白馬名家的故事心生嚮往，於是我前往當地踏查，因此認識宋雲集先生，對方也向我講述寶藏傳說的梗概。宋先生之敘述，其實與《美濃鎮誌》（一九九七）記錄的版本略有不同。根據其書，白馬並非飛天而降，而是從竹林走出來，宋家夫婦也未詢問地理師，而是在竹林中找到一個「石頭伯公」（客人信仰的土地神），並在附近挖掘到一罐金銀。

我向宋先生詢問當初埋寶所在，宋先生表示其地點不詳，後代子孫皆不知曉。不過，關於「青山老屋」之典故，宋先生則有所解釋，其說明如下：

❶宋家祖堂的門口，門前有一副對聯：「**東倚青山地，門高白馬家。**」

❷宋家祖堂的正門，堂號是「賦梅第」，對聯寫著：「**隨意竹橋關蟻渡，乘時瓦屋賦梅花。**」

❸宋家祖堂二樓，堂號是「京兆堂」，並且掛有清同治十一年的「貢元」匾額。此匾額是頒賜給當時科舉考取貢生的宋家子弟。

❹唫杏書室現貌，門前對聯寫著：「**瀰水臨門成化境，濃山擁座作書城。**」

❺白馬名家祖屋前，原有一座典雅的燕脊門樓，門聯寫有「**白馬**」。但是因為道路拓寬，此門樓已經被拆除。宋雲集先生特地翻出老照片，向我解說門樓原貌。此照片中的女子為宋雲集之妻。（感謝宋先生提供照片翻拍）

傳說宋家尚未渡臺之前，有一位姓宋的先人是一位書生。他上京趕考時正逢大雨，他見到路邊無數螞蟻受困水灘，即將溺斃。書生一時起意，編織一座竹橋助蟻渡水。之後，書生應試時，無數螞蟻聚集試卷之上，揮之不去，書生細看，才發現螞蟻聚處是自己少寫的筆劃。因為螞蟻提醒，書生才得以中了狀元，並且順利當官。當他年老時，告老還鄉，返鄉途中，遠遠望見山腳下的老屋，即是家鄉所在。從此之後，他便以「青山老屋」之名，告誡後代莫忘根源。現在宋家祖堂的門聯寫有「隨意竹橋觀蟻渡」，便是講述此傳說。

宋先生所言典故，應是衍自中國宋郊渡蟻之軼事。不過，依宋先生說法，「青山老屋」之名是傳承自中國原鄉，但與當地另一個說法指稱「青山老屋」乃是美濃山間老屋的內容有落差。不知實情如何，留待日後繼續考察。

在宋先生的帶領下，我走踏於喰杏書室，一邊想像當時讀書聲朗朗，一邊聆聽宋先生對於宅第一磚一瓦的解說，不禁跌入悠悠曩昔。歷史與傳說，儘管紛雜交疊，但宋氏後裔對於先祖故事不敢或忘的精神，實讓人心生敬佩，感動不已。

尋幽線索

- **宋屋祖堂**：高雄市美濃區博愛街八號。
- **喰杏書室（宋屋學堂）**：高雄市美濃區博愛街與永安路交叉的街口老宅的二進院子。

奇景 三十六

大路關傳奇：石獅三兄弟

探查筆記

在二〇一二年七月，我曾擔任美濃鍾理和紀念館的文學營隊工作人員，那時候有幸一訪附近的「大路關石獅」。雖然只是匆匆一瞥，便被這三座巨型獅子雕像深深吸引，也對石獅背後的歷史感到好奇。二〇一八年，我再度前往此地，向三座石獅公問好。

這三座石獅公位於屏東縣高樹鄉，人們稱為「獅老大」、「獅老二」、「獅老三」，是當地知名的獅子塑像，也是鎮鄉之寶。昔日，人們雕塑這些石獅，祈求祂們能夠保護村庄、鎮風止煞，三隻石獅因此成為大路關開拓歷史的見證者。

不過，這三座石獅並非同時建塑，而是陸續完成。最早雕塑的石獅是「獅老大」，又被稱為「神獅」、「開基石獅公」。耆老相傳，此雕像立於清國時期，不過在咸豐七年（一八五七），口社溪山洪暴發，村毀獅埋，從此這座石獅就掩藏在土泥中百年時光。在一九八四年，村民決定將深埋泥中的巨型石獅吊起，安座於順天宮旁。

關於獅老大的故事，日治時期出版的《臺灣地方傳說集》（一九四三）書中就有福原頑椿撰寫的〈鹽埔の神獸〉一文。

石獅

❶獅老大的雕像。
❷獅老二的雕像。
❸老二的臀部仍留有釘痕的洞。
❹獅老三的雕像。

這篇文章大意如下：

高雄州屏東郡鹽埔庄有一處「大路關」，以前其實是一座瘴煙瀰漫之境。惡疫、水禍、風害……等等天災經常發生。後來，居民建立了一座巨大的「神獸」雕像，作為辟邪除魅的守護神。但是，因為神像位於河流旁，在某次洪水中被沙泥掩埋，所以居民在大正年間再造一座神獸雕像。

第二座石獅「獅老二」，立於大正七年（一九一八）。根據獅老二旁邊的介紹牌（大路關人文工作室立牌），其故事如下：

以前大路關與舊南勢兩地的居民互相敵視，經常懷疑洪水之所以淹沒自己的村子，都是對方暗中使用計謀。例如，昭和九年（一九三四）口社溪再度氾濫，舊南勢災情慘重，當地的神明起乩直言大路關的石獅（獅老二）顯威，將洪水分流，讓舊南勢洪害嚴重。所以舊南勢的村人不甘示弱，趁夜用鋼釘將石獅的臀部打洞，破壞神力。據說當時石獅公疼痛不堪，哀號三天三夜，一怒之下，呼風喚雨讓舊南勢屋倒人傷。

大路關有石獅護衛，而舊南勢的守護神則是媽祖。根據舊南勢耆老傳述，昔日大路關建造堤防，讓洪水直沖舊南勢，因此媽祖娘娘便化身為一位拄拐杖的老婆婆來守護舊南勢。老婆婆會走在堤防上，每走一步，拐杖就敲擊一次堤防，敲過的地方就會變成大洞。自從堤防被破壞之後，洪水就轉回侵襲大路關。

至於大路關第三座石獅「獅老三」，據說受到順天宮媽祖的指示，建造於一九六五年。與前兩座樸實的石獅不同，獅老三全身被彩繪，獅體顏色是米黃色。

尋幽線索

獅老大：屏東縣高樹鄉廣福村廣福路三十號（順天宮旁邊）。

獅老二：位於高樹鄉石獅公公園旁邊。

獅老三：位於高樹鄉石獅公公園旁邊。

奇景三十七

渡海遇難記：墾丁的荷蘭公主

探查筆記

在二〇〇八年七月，墾丁社頂流傳女魔神擄人的消息。一名八十二歲的老嫗上山失蹤，五天後自行下山，宣稱自己在山中跟隨金髮碧眼、身材高大的女魔神。此事傳開，眾聲譁然，當地居民猜測女魔神是數百年前在墾丁大灣遇難的八寶公主，因此舉辦消災祈福法會。但是，有人駁斥無稽之談，認為八寶公主已經在墾丁落地生根，成為當地的守護神，絕不可能害人。

也許新聞媒體過分渲染，八寶公主之名一時傳遍全臺。隔年八月，三立電視節目「戲說臺灣」就播出以八寶公主為主角的臺語古裝劇《碧眼公主》。其實，「戲說臺灣」早在二〇〇四年六月就曾經播出《荷蘭公主討廟記》，二〇〇九年的電視劇是第二度改編同樣題材。

究竟，八寶公主是誰？為何會在墾丁大灣成為神明？

根據石文誠的研究，最早的紀錄，可能是十九世紀的《恆春縣志》：「**同治初年，有外國番船一隻，遭風飄至鵝鑾一帶，被龜仔角番戕殺多命。內有番女一名，其上下牙齒，不分顆數，各連一排。龜仔角番見而異之，懸首示人。……（略）……相傳被殺番女，為該國公主云云。**」根據學者推測，這則文獻可能是指「羅發號（Rover）

八寶公主

遇難事件」。

一八六七年，美國船隻羅發號在墾丁南端觸礁，船員上岸後，皆遭龜仔角社人殺害，連船長 Joseph W. Hunt 和其夫人也遇害。之後，排灣族的頭目卓杞篤與美國駐廈門領事官李讓禮達成和解，卓杞篤交還 Hunt 夫人的遺物，甚至包含頭顱。

在十九世紀，當地人對於遇害的船長夫人，已經傳言她是異國公主。到了日治時期，據說一位墾丁人在大灣撿到骨骸，置於附近萬應公祠，然後有乩童傳達神諭，說幾百年前有一位「紅毛公主」死於當地，才會造成地方不平靜，於是人們開始祭拜此骨骸。到了一九六一年，社頂有一位名叫張子的女乩童突然作法起駕，說是八寶公主附身，而八寶公主就是萬應公祠中的紅毛公主。此後，八寶公主名稱不脛而走，供奉祂的神壇被稱為「八寶宮」。

八寶公主來歷，眾說紛紜。例如，有人說八寶公主名叫「瑪格麗特」，是十七世紀荷蘭王室的公主，想尋找被荷蘭東印度公司派駐臺灣的情人「威雪林」。也有人說，八寶公主擁有八件寶物，分別是荷蘭木鞋、絲綢頭巾、珍珠項鍊、寶石戒指、皮箱、寶石耳墜、羽毛鋼筆、紙。也有學者揣測，原先的「紅毛公主」會變成「八寶公主」，其實受到歌仔戲曲「狄青戰八寶公主」的影響。

我第一次聽聞八寶公主，是在二〇〇八年看到新聞播報，後來觀賞《碧眼新娘》的戲劇，更對這則傳說心馳神往。在二〇一八年，總算有緣一訪八寶宮，拜謁這位在墾丁成神的荷蘭公主。

走訪萬應公祠時，我得知管理人住在一旁民宅，於是藉機詢問關於八寶公主之事。根據管理人士所言，八寶公主的骨骸原先位於大灣的海灘岩堆中。每逢十月，那座灘頭就會淹水，直到四月才會水退，所以骨骸有半年多的時間會泡在水裡。居民請示之後，才讓骨骸進入萬應公祠。祠前一小塊空地，放置老舊木板，據說是荷蘭古船的殘骸，以前也埋在海灘中，因為漲退潮緣故，有半年多會泡在水裡，直到三十幾年前才搬過來。

❶墾丁大灣海灘旁的萬應公祠，主祀萬應公，左翼是土地公神龕，右翼則是八寶宮。

❷八寶宮的神龕。

❸神龕中央的八寶公主神像，身披彩衣，左足踩蓮花，頗有氣勢。不過臉龐則是漢人輪廓。背後的對聯寫著：「**寶主飛來駐台海，座自山面向海上。**」橫批：「**荷蘭女公主**」。

❹八寶公主神像後方，懸掛一幅繪畫，作者是當地畫家蔡成雄。他感動於八寶公主傳奇，故以油彩繪製公主神姿。畫中的女子頭戴寶冠，左手握劍，右手捧地球儀，神采飛揚。據說蔡成雄繪畫此圖時，有幾筆用色不當，沒想到電燈隨即熄滅，顏色調對之後，電燈才恢復正常，彷彿冥冥之中有奇異力量協助他上色。

❺神像旁放置一塊木頭，刻畫一艘船在浪裡航行，上方題寫：「**公主事長征，少小荷蘭客。**」

❻萬應公祠前的空地，放置據說是荷蘭古船的遺骸。

❼八寶宮的神龕上，放置信徒供奉的木鞋、鏡子、紅酒、珍珠項鍊。

❽墾丁大灣的海灘。

在八寶宮的神龕上，一共放置四尊八寶公主的神像。管理人士說，虔誠的信徒一旦心想事成，就會刻製神像來還願。據說是荷蘭公主的骨骸，則放置於神龕下的骨灰罈，廟方每三年就會取出骨骸擦曬。

在八寶公主的故事中，可以看見歷史事件與民間傳說之間互相纏繞、融合的過程。無論軼聞是真是假，八寶公主如今成為墾丁大灣知名的荷蘭女神，已是無庸置疑的事實。

尋幽線索

八寶宮：位於墾丁路文化巷的萬應公祠內。

奇景 三十八

椅仔姑：女孩心事唯我知

天上圓月黃澄澄，映照三合院的磚道。一名十歲左右的女孩踩著月光，怯生生走進護龍後方、位於角落的廳房。這個房間向來是堆放雜物的儲藏室，不過一打開門，房內卻圍著一群年紀相似的少女。

少女們圍成一個圓圈，中間放著一張竹椅。她們催促進來的女孩趕緊關上房門，因為她們正要進行「觀椅仔姑」的儀式。

她們將一個「謝籃」放置在竹椅上，籃子裝有豬槽旁邊挖來的泥土，籃子外面套上乳白色的衣服，籃子把手綁上黑色帶子，並且插上花朵。椅子前方，還放置胭脂、白粉、果物、鏡子、剪刀……等等供品。

接著，兩名女子抓住竹椅，再由剛進門的女孩子手持三炷香，朝著竹椅祭拜，呼請「椅仔姑」降臨。這時，所有人開始唱著歌謠，低吟的歌聲反反覆覆：

椅仔姑，來坐土。坐土椅，金交椅。

三蓮花，四蓮子。吃檳榔，黑嘴齒。

面頭前，還有花，還有粉，還有紅胭脂，互妳抹嘴唇……

一旦「椅子姑」順利降臨現場，就會坐在椅子上，並且控制椅子左搖右晃。這時，女孩們就可以開始發問，「椅仔姑」會讓椅子敲撞地面的聲音作為回答。所以，女孩的問題必須與數字相關。例如，可以詢問椅仔姑，現場的人數有多少？椅子會依照人數，敲擊出正確的數字。

以上的場景，是臺灣古代召喚「椅仔姑」的想像畫面，歌謠則出自《臺中市民間文學採錄集（3）》（一九九九），來自大興街的劉寶玉所講述。椅仔姑的童謠，各地皆有差異，例如昭和七年（一九三二）編寫的《南屯鄉土調查》，雖然同樣是臺中，但南屯流傳椅仔姑的童謠則如下：

椅仔姑，觀汝來坐土，土連汝，檳榔心，
老葉陳，好食不分，汝三姑着是親，
姑仔定，姑仔聖，姑仔頭來，有名声，
大路大波波，小路好桃，
天清清，地靈靈，觀汝三姑，來出壇前。

古早臺灣人相信萬物有靈，天地處處有神，例如針神、廁神、灶神……多元化的泛靈信仰，衍生出奇異

竹椅與謝籃是「觀椅仔姑」的重要道具，但有些地區則不使用謝籃，直接在椅子上擺放女性衣物，或者是擺放胭脂、鮮花、鏡子等供品。

的降靈儀式，而椅子上的神靈則是「椅仔姑」。

椅仔姑並非一開始即是椅神，據說祂原先是一名女孩，三歲時被姑嫂虐待而死，死時正好坐在椅子上，因此才化身為椅神。另外也有說法，她的屍體最後被埋在豬槽泥地裡，所以請神的儀式才需要挖取豬槽泥土，並且歌謠也會提到「土」。

據說，未婚女子可以藉由椅仔姑，預知未來。因為椅仔姑不喜已婚婦女（曾被姑嫂虐待），所以這個儀式只限定未婚少女才能舉行。

在一些文獻上，「觀椅仔姑」有時候會與「觀三姑」產生混合的情形。例如，鈴木清一郎《臺灣舊慣：冠婚葬祭と年中行事》（一九三四）解說「觀三姑」的儀式，附錄以下歌詞：

三歲姑，四歲姉，
阮厝亦有檳榔心，亦有荖葉藤，
好食亦分恁，分阮三姑較是親，
親落親，親豆藤，
豆藤白波波，一條小路透奈何，
行到奈何橋，腳亦搖手亦搖。

這段歌詞提到「奈何橋」，引領觀者進入陰府，應該就是「觀落陰」的過程，因為「觀三姑」包含探亡親、探花欉、探元神等等類別。但是，鈴木清一郎在文中卻說這個儀式需要使用椅子，並且可以詢問椅子上的神靈一些問題，反而沒有說明進入地府、與亡者見面的情境。很有可能，鈴木清一郎將「觀三姑」與「觀椅仔姑」混為一談，或者當時人們執行這兩種儀式的時候，兩者的歌謠會互相混淆。池田敏雄在《民俗臺灣》曾經提到這點，並且進一步說到，艋舺地區的「觀三姑」與「觀椅仔姑」其實是兩種截然不同的法術。會造成這種混淆，很有可能兩者降請的鬼神，都是三歲就逝世的「三姑」。

「觀椅仔姑」的儀式，雖然是請鬼神降臨人間，聽起來有點詭異。事實上，以往少女們進行這個儀式，最主要還是抱持著遊玩的心情。女孩們呼朋引伴，藉由這個遊戲聯絡彼此的感情，也能在遊戲過程吐露心中對於未來的不安。例如，她們會問椅仔姑，幾歲的時候會結婚？結婚之後會生幾個孩子？

在以前的農村社會，未婚待嫁的女子娛樂不多，因此「觀椅仔姑」的遊戲抒解了她們生活上的苦悶心情，其實也蘊含了安慰心靈的功能。

奇景 三十九

恐怖童謠：請神請鬼的鄉土遊戲

曩昔，臺灣的孩子們盛行器物神的降靈法術，他們抱持著遊戲的心態，進行「觀器物神」的儀式。除了「觀椅仔姑」之外，還有籃仔姑、掃帚神、箸神、扁擔神……之類的降靈儀式。

「觀神」的儀式過程，其實都很類似。通常會在月圓之夜舉行（像是元宵、中秋），由特定的人接觸某種器物，誦唸歌謠之後，此器物就會變成神鬼降靈的依附物。臺灣流傳的各種觀神遊戲，其實都是從福建、廣東傳來，經過在地化之後，形成特殊的臺灣民俗風情。以下列舉「箸神」、「籃仔姑」、「扁擔神」、「四腳神」的觀神儀式。

❶觀箸神

將米穀放進米斗之內，再將一支筷子插在米堆裡，筷子上端再架起另一支筷子，形成丁字形平衡固定。準備好了之後，孩童們圍成一圈，焚香而拜，開始唱起：「**觀箸神！觀箸鬼！請你上大廳，配雞腳腿！**」唱了數回之後，橫放的筷子就會自動旋轉，

觀箸神之前，需要準備一雙筷子、米穀，然後將一支筷子插在米堆中，另一支筷子橫放其上。若是箸神降臨，上面的筷子就會快速旋轉。

因為箸神已經降臨。

❷觀籃仔姑

此種請神儀式，大多會在元宵節、中秋節舉行。儀式開始時，兩位蒙住眼睛的婦女會扶住竹籃子兩邊的提把，然後其他女性圍成圓圈並且誦唸歌謠：「**籃仔姑，籃仔姨，牽花枝，少年時，現時也未嫁，今年姑仔才三歲。**」只要竹籃子自動搖擺起來，就代表籃仔姑已經降臨。

❸觀扁擔神

在金門，如果要「觀扁擔神」，小孩子會在月光明亮的夜晚穿上木屐，跑到空地，將扁擔放在地上。然後，其中兩人的頭趴伏在扁擔的兩端，其餘的人則開始敲打木屐，口中不斷誦唸這段歌謠：

扁擔乩，扁擔神，一枝⿰止周五龍。
跳會過，真君子。跳不過，是小人。
去悾悾，來贛贛。有來有信平，無來抉仔頭殼眩……

扁擔是扁長形狀的木條或竹條，今日少見，以往卻是民眾非常仰賴的挑物工具。可能因為與日常生活相關，才會衍生出敬畏「扁擔神」的民俗儀式。

當歌謠反覆誦唱之後，扁擔兩端的人就會像起乩一樣，眼神迷茫，並且無意識地推動扁擔在地上打轉。此時，扁擔神已經降臨現場。

不過，玩這種遊戲也有風險。例如，唸誦歌謠的時候，歌詞一定要完整，並且不能中途突然停下，否則參加者會失魂落魄，很有可能精神錯亂。

如果小孩子被這個儀式請來的鬼神「煞到」，長輩就要帶小孩子去宮廟「收驚」。這是因為人的靈魂被鬼神影響，導致魂不守舍，所以需要特殊的招魂儀式來呼喚失散之魂，讓靈魂的狀態重新安穩。

❹觀四腳神

除了觀器物神之外，以前農村的小孩子還盛行一種名為「觀四腳神」的降靈遊戲。四腳神，即是青蛙，臺語俗稱「四腳仔」、「水雞」。

進行這個活動的時間，通常也是圓月之夜，例如元宵、中秋。並且，舉行這個降靈遊戲之前，需要先準備一碗白飯、雞腿、滷蛋，放在水溝邊或者田埂之類的近水之地，眾人才能開始儀式。

一開始，會有人焚香請神，然後眾人以起乩者為中心，手持線香開始繞圈子，並且誦唸歌謠：「**四腳神，四腳鬼，到咱兜吃雞腿，配土豆仁……**」

當歌謠越唸越快，圍在中間扮演「觀者」的小孩子，則會趴伏在地上，開始像青蛙一樣吸氣吐氣，並且四腳著地蹦蹦跳跳，如同青蛙模樣。會發生這種現象，就是因為「青蛙神」已經降臨在這個小孩子的身上。

「觀四腳神」的儀式在以前鄉下地方很常見，每個地區也發展出各自的歌謠與儀式。例如在東石漁港，要讓青蛙神上身的人，要用金紙蒙住兩眼，再用紅布綁起來，並且在靠近兩耳的紅布上，插上香柱與「古仔紙」（黃色的符紙）。東石的童謠則是：「**四腳神，四腳肚，土地公伯仔來帶路。**」或者是：「**四腳公，四腳婆，今日八月十五，來我家吃白米飯配滷蛋。**」

在臺中市，則有「觀蛙古神」的民俗，蛙古神就是「老青蛙神」。舉行儀式時，蹲在中間的起乩者，雙手要壓著兩邊臉頰，表現出青蛙鼓頰的模樣，然後再用黑布把他的眼睛遮起來。儀式開始時，拿三支香在起乩者前方晃來晃去，然後所有的小孩子圍成一個圓圈，一齊重複唱：

蛙古神，蛙古跳，叫你跳，你就跳，若不跳，你就會，死翹翹。

蛙古神，蛙古跳，若要跳，你就跳，若不跳，你就會，死翹翹。

這時候，老青蛙神就會降臨在起乩者身上，讓他開始像青蛙一樣亂跳。接著，所有小孩子也開始學起乩者的模樣，跳來跳去，玩成一團。

臺中的青蛙神童謠，歌詞中的「若不跳，你就會，死翹翹」，展現了這種看似歡樂活動的黑暗層面。你若不跟著跳，就會有性命之憂。這種歌詞，是否也暗示了某種社群宣言：若你不跟隨我們，就會被我們這個小孩子團體屏除在外？

當然，這樣的猜測或許「想太多」，兒童或少年、少女會進行這種與青蛙神溝通的遊戲，最主要的理由或許還是因為有趣。也有可能因為臺灣人早期營生大多務農，農民需要青蛙驅除田裡害蟲，因此從原先的敬畏之心，演變成一種趣味性十足的鄉土遊戲。

奇景四十 民間的妖鬼想像：外方紙

探查筆記

本書前文提到，早期的臺灣妖怪繪畫，可以追溯至日治時期的古籍插畫。不過，書籍主要流通於文人、上層階級，對於庶民階層、不識字的人們來說，妖怪、鬼怪又是什麼形象？

我認為這個答案藏在民間藝術的領域，根據我的搜索，「外方紙」（或稱「小紙」）很有可能就是其中一種解答。

漢人習慣在祭祀活動中燒化金銀紙，向神明、鬼靈表達敬意。金銀紙，又稱冥紙、冥錢、黃紙、紙馬……等等名詞，大約可以分為金紙、銀紙、紙錢，總共三種類型。

奉獻金紙的對象是天地自然、三界神佛、祖靈。金紙會印上神佛、菩薩、吉祥字句，並且褙有錫箔、漆上金薬。銀紙祭祀的對象則是陰界、陰靈、鬼神、好兄弟。銀紙造型比較樸素，只會褙上錫箔，不漆金薬，側邊蓋有紅印。

至於紙錢，又稱「準金銀紙」，是一種很特殊的類型。根據張益銘《金銀紙的祕密》（二〇〇六）所述，通常不一定會有錫箔，大多以圖案、印文來識別，道士、乩童等法師會使用於祭煞、改運、超渡、替身受過、趨吉避凶等等包羅萬象的用途。

而在紙錢的類別中，又有一種特殊的種類，名為「外方紙」。這是制化關煞時，需要使用的特殊紙錢，「外方」就是指外來的凶神惡煞。根據古代星命學的說法，天地之間有一百零八種關煞，只要民眾遇到災厄，身體不適，或者流年不利，就需要進行「祭煞、改運」（或稱祭改、祭解、補運）的儀式。施晶琳訪查臺南市的金銀紙舖業者、宗教執事人員，都指出這些關煞原本有一百零八種外方紙可以應付。不過，依據學者們的調查，目前臺灣還在流傳的外方紙可能只剩下四十多種。當然，也不確定原本是否真的有一百零八種。

所謂的「關煞」，即是「難關、神煞」的意思，也就是人的生命中會遇到的關口，或者是被鬼神沖煞到。外方紙最特殊的地方，便是紙錢的表面會印上特殊的版畫圖形。有別於金銀紙常見的神明、三仙圖案，外方紙的版畫經常是鬼怪、神怪、精怪、妖煞……等等圖形。

此外，「外方紙」的稱呼可能有地方性的差異。南部的香舖會使用「外方紙」這個名稱，但是我拜訪臺中多家香舖，老闆皆搖頭表示未聽過「外方紙」這個名詞。根據臺中市西屯區茂芳堂香行的說法，他們會將這一類祭改專用的紙錢稱為「小紙」，我也在一些地方聽過「小錢」這樣的稱呼。相較之下，「小紙」、「小錢」這些稱呼在臺灣較為普遍。

妖怪是超自然的奇異存在，經常帶來災害，這個定義與傳統民俗所說的「煞」非常類似，所以我認為「煞」也能成為臺灣妖怪系統的一種獨特類別。而外方紙所繪畫的各種神煞、鬼怪造型，則是反映了臺灣民間對於天地鬼神的具體想像。

對我來說，外方紙除了能夠使用於民俗儀式，在臺灣妖怪藝術的領域上，也是非常珍貴的民間版畫作品。日治時期的畫家淺井暹發行過《臺灣土俗資料》五集，後來編輯成《臺灣宗教版畫》（一九三一），書中就

天狗紙錢。紅印紙錢來自臺中，黑印紙錢來自臺南。

白虎紙錢。紅印紙錢來自臺中，黑印紙錢來自臺南。

左圖：煞神紙錢。紅印紙錢來自臺中，黑印紙錢來自臺南。我曾在《臺灣日日新報》見過一則新聞〈煞神連殺三命〉，文章描述臺灣人相信：「**嫁娶中途一遇煞氣，人必立死，通體焦黑如火燒。**」之後我在臺中收集到紅印紙錢，圖中央的煞神身體遍布黑點，似乎與民俗認為煞神能讓人通體焦黑的能力有所關聯？

列出五鬼、白虎、黑虎……等等小紙的圖形，某些圖畫依然會在今日印製於外方紙上，可見外方紙的妖鬼圖畫歷史悠久。

以下，列舉三種特別的外方紙，並且簡單介紹。

❶白虎

山野之間躲藏著白虎，如果被白虎纏上，就會有血光之災。同時，白虎也代表天上的白虎凶星，會危害人間，白虎入宮（犯白虎）很有可能凶事臨門，需要進行祭解，使用白虎紙錢來化消災厄。

❷天狗

「天狗」一詞，最早出現於《山海經》，後來被認為是一種凶星，民間認為是一種凶神。如果人們生肖犯天狗，就會破財遇厄，百事不順，需要祭煞補運，到廟裡焚燒天狗錢來化解災厄。

❸煞神

煞神，凶煞之神。如果生活不順利，病痛纏身，會被認為煞神作祟，需要焚燒紙錢來改厄。此外也有傳說，死者的靈魂要返家時，會由煞神帶路返抵家門，稱為「歸煞」。煞神紙錢的構圖，經常會有兩個小鬼跟班。

奇景 四十一 民間的妖鬼想像：十殿圖

臺灣民間對於鬼怪的想像，除了可以在「外方紙」的版畫藝術作品一窺究竟，另一種鬼怪形象的呈現，則是「十殿圖」的地獄繪畫。

十殿圖，又稱「十殿閻王圖」，描繪凡人進入冥界十殿接受審判的場景，這是臺灣常見的民俗繪畫。十殿圖除了具有警世作用，同時也可以為亡者祈福。這種地獄繪畫會被印成善書，或者製成掛圖放在喪事法會的現場，有時候廟宇也會懸掛這些圖畫。

自從佛教傳來中國，地獄冥王傳說成為漢人熟知的故事。唐代的《十王經》影響佛教、道教甚大，之後就開始廣泛流傳地獄十王的概念。

十王，又稱「十殿閻羅」、「十殿閻君」、「十殿閻王」、「地府十王」。祂們分別是秦廣王、宋帝王、楚江王（初江王）、五官王、閻羅王（森羅王）、卞城王（變成王）、泰山王（太山王）、平等王（平政王）、都市王、五道轉輪王。這些冥王能夠審判亡者的功過。

在「十殿圖」的繪畫中，作為閻君手下的鬼差、鬼卒，近似於鬼神、陰神、鬼怪的存在。例如，國寶級彩繪師陳穎派和其家族為臺中市城隍廟繪製的十殿閻羅圖，便描繪出冥界十殿的閻君審判過程。青面獠牙的陰間差役，會依據閻君下達的判刑，執行各殿特有的懲罰。在陳穎派師傅家族的畫筆之下，鬼差身穿古代衣

臺中市城隍廟的十殿閻羅圖。

七殿泰山王的地獄圖。

鬼差用鎖鍊綁住罪人的手，背後有兩隻妖狗等著啃食罪人的血肉。

服，皮膚呈現青綠或者赤紅，頭部還會有一角、雙角的奇異構造。除了鬼怪之外，在畫面中也會有妖狗、魔蛇……等等怪物等著吞食罪人的血肉。

另外，大甲鎮瀾宮保存清代水陸法會的「典刑掛軸」，也畫出了鬼差的形象。圖畫中的鬼差，頭部長了兩個角，皮膚呈現綠色或紅色，面目猙獰可怕，正在執行各種殘酷的刑罰。

中國對於地獄情景的描繪，最早可以追溯至北朝，唐代的畫師吳道子、張孝師都為佛寺畫過地獄變相圖。當漢人渡海移民來到臺灣，民間除了會流通地獄傳說，十殿圖也會印在善書內頁，或者懸掛於喪葬道場、廟宇之內。當民眾觀看十殿圖，圖畫中出現的青鬼、赤鬼，容貌恐怖凶惡，也成為平民百姓理解鬼怪造型的一種途徑。

十殿圖的青綠鬼差。

奈何橋下的兩隻魔蛇。

奇景 四十二 烏鬼的歷史之謎

南臺灣有許多地名，包含「烏鬼」的詞彙，例如烏鬼井（臺南）、烏鬼橋（臺南）、烏鬼埔（高雄）……等等。這些地名中的「烏鬼」並非是鬼怪，而是指荷蘭人、西班牙人帶來臺灣的黑奴。

十八世紀的《重修臺灣縣志》書中紀載：「**烏鬼井，在鎮北坊，水源極盛，雖旱不竭。烏鬼，番國名，紅毛奴也。其人遍體純黑，入水不沉，走海若平地。先是，紅毛命烏鬼鑿井，砌以蔴茶，亦名蔴茶井。**」烏鬼井位於臺南鎮北坊的水仔尾北側，根據這段文獻，這座井是荷蘭人命令黑奴所開鑿。

王瑛曾編纂的《重修鳳山縣志》也提到「紅毛人」與烏鬼之間的關聯：「**烏鬼埔山，在縣東北十五里，與橫山綿續。相傳紅毛時，為烏鬼聚居於此，今遺址尚存。樵採者常掘地**

荷蘭人使喚的黑奴（東南亞人），其形象可以參考此圖。這幅畫描繪日本出島上的荷蘭商館，街上有兩名黑奴正在搬運貨物。

得瑪瑙珠、奇石諸寶，蓋荷蘭時所埋也。」

在大航海時代，與歐洲人一同踏上臺灣島的黑奴，雖然會讓人聯想到非洲黑人，但其實他們應該大多是印尼、菲律賓……等等來自東南亞地區的南島原住民。不過，對於漢人而言，這些被歐洲人役使的黑奴，看起來都是皮膚黝黑的異邦人，因此就有了「烏鬼」的俗稱。

儘管臺灣現在已無「烏鬼」的蹤跡，但是他們仍然以特殊的形式與我們共存。臺灣廟宇常見的建築構造「憨番扛廟角」，其實「憨番」據說就是「烏鬼」的化身。傳說以前漢人見到歐洲人帶來的黑膚奴隸，經常從事勞力工作，力大無窮。於是廟宇工匠異想天開，將這些「憨番」的型態泥塑在廟簷之下，擔任扛廟的重責大任。

雖然「烏鬼」的身分是歐洲人從外地引進的黑奴，但這一個詞彙還有其他的可能性。例如，屏東縣小琉球嶼知名的「烏鬼洞」，其實是指早年居住在當地的平埔族原住民。

編纂於十九世紀的《鳳山縣采訪冊》說到小琉球嶼的烏鬼洞：「相傳舊時有烏鬼番聚族而居，頷下生腮，如魚腮然，能伏海中數日，後有泉州人往彼開墾，番不能容，遂被泉州人乘夜縱火盡燔斃之。今其洞尚存，好事者輒往遊焉。」此說法具備奇幻色彩，描述「烏鬼番」擁有魚鰓，能在海中潛游數日之久。但是，這段

臺灣廟柱，會有「憨番扛廟角」的塑像。此圖是臺中均安宮龍邊墀頭的憨番剪粘。

此圖是臺中均安宮虎邊墀頭的憨番剪粘。

文獻有許多可疑之處，例如泉州人與「烏鬼番」產生衝突，並且放火殺盡他們。若回顧小琉球的歷史，其實「縱火盡燔斃之」的主謀者乃是荷蘭東印度公司。

在十七世紀，小琉球嶼曾經居住一千多名以上的原住民。他們與荷蘭人產生衝突，於是荷蘭東印度公司派出部隊要殲滅他們（這支部隊也包含新港社人、放索社人、漢族海盜）。經過多次的討伐，小琉球原住民幾乎滅族，尤其是在一六三六年的襲擊行動。當時，島上的原住民都躲進地洞，荷蘭部隊堵住洞口，放火點煙，造成兩百至三百人以上死亡。其餘被俘虜的原住民，則成為奴隸，發送至爪哇的巴達維亞，或者送到魍港擔任苦力。女人、小孩則成為新港社的僕人。

當初數百人死亡之處，即是烏鬼洞。現今成為小琉球著名景點的地洞，其實隱藏著黑暗而殘酷的歷史。

小琉球烏鬼洞的入口處。

小琉球烏鬼洞設置的「烏鬼洞主」牌位。

烏鬼洞的石階梯。

烏鬼洞乃是珊瑚礁石灰岩穴。

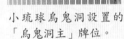

東部

山
脈
N
花蓮
宜蘭
美崙山
七腳川
松園別館
將軍廟
七星潭
龜山島
牛山海岸
洋

中
央
臺東
羅山村
慶修院
貓山
掃叭石柱
鯉魚山
猴子山
太
平

奇景 四十三

妖精大戰：鯉魚精戰山貓精

妖精講古

臺東平原是一處珍奇寶地，也是眾多精靈修煉的場所。據說數百年前，此地曾有一隻山貓吸收日月精華之後，修煉成精。

彼時，河川裡有一尾鯉魚精，經常上岸作怪，危害生靈。山貓精為了守護和平，只要鯉魚精一上岸，就會追逐對方。但鯉魚精雙眼銳利，只要遠遠望見山貓精，就會狡猾溜走。這兩隻妖精在白晝時會幻化為岩石，只在夜裡變回原形，再度上演你追我藏的戲碼。

某一次，天將亮時，鯉魚精來不及返回水中，只好與山貓精雙雙化為巨石。正巧，一艘荷蘭船艦途經臺東沿岸，發現山中有兩塊巨大寶石，荷蘭人便上岸挖走寶石。

其實，寶石是鯉魚精雙眼，而鯉魚精失去眼珠之後，靈氣盡失，再也無法動彈。山貓精見到鯉魚精一動也不動，於是也趴伏於地，專心注視著前方的獵物……

鯉魚精

探查筆記

若說起臺東市區最著名的妖怪傳說，人們最津津樂道之事，莫過於鯉魚精與山貓精的恩怨情仇。這兩隻精怪，據說就是鯉魚山與貓山的真身元靈。

兩妖的傳說版本非常多元，其中一個版本說鯉魚精其實來自太平洋，並且是公母兩尾。留在岸上的是母鯉魚，公鯉魚則遁入海中，成為綠島。不過若要認真計較，此說法有盲點，因為鯉魚本身是淡水魚，無法在鹽度過高的海水中存活。

另外也有傳說，鯉魚精原本是王母娘娘的宮女，山貓精則是玉皇上帝的雜差。某日，山貓精奉命將天鵝卵送給娘娘作為祝壽賀禮，沒想到卻被調皮的鯉魚精嚇了一跳，將天鵝卵弄破。因此，兩妖被罰下凡歷苦，降生於臺東平原。所以，每當山貓精見到鯉魚精，總是惱羞成怒，上前追去。此版本的結局，甚至還出現一隻猴精，祂將山貓精咬死之後吃下肚，還挖走了鯉魚精雙眼。玉皇大帝勃然大怒，便以雷電擊殺猴精。最後，三隻妖精死後就成為鯉魚山、貓山、猴子山。

三妖互鬥的傳說十分精彩，半途殺出猴精的情節也令人意外。不過，關於猴子山是猴精化身的說法，應是望文生義的結果。因為臺東海岸的猴子山，命名起源其實與猴子完全無關。阿美人最早稱呼此山為「Kawasan」，其義為「祖靈之地、神之地」，當漢人抵達此地，便因為諧音將這座山叫做「猴仔山」。

如果比對鯉魚山與貓山的各種傳說，不論哪種版本，皆會強調「貓追鯉魚」的情節，此情節在日治時期就廣為人知。漢詩人李碩卿在昭和七年（一九三二）遊歷臺東，曾經賦詩〈貓子山〉：「**誰把貓兒放此間，伺魚日久化為山。憐他身小魚偏大，攫取無能覓食艱。**」另外他也寫下一詩〈鯉魚山〉：「**山勢分明似鯉魚，疑從東海躍**

❶鯉魚山入口雕像。之所以不像鯉魚，是因為雕塑家林勝賢認為鯉魚山最早的名稱是「鰲魚山」，而鰲魚乃是守護阿美族的神魚。因此，林勝賢便以鰲魚的概念形象進行創作。

❷位於鐵馬道附近的鯉魚山的魚首山壁，可見凹陷的眼眶。據說魚眼是珍貴的寶石，不過已經被荷蘭人挖走。

❸鯉魚山道路藝術造型。

❹從鯉魚山頂端的觀景臺遙望臺東平原。左邊的低矮小丘陵即是貓山，照片最右邊的山即是猴子山。

❺貓山現貌。照片右方是貓的上半身與頭部，方向瞄準西南方，也就是鯉魚山的位置。照片左方則是繃緊的腿部，似乎即將一躍而起。日治時期詩人譚康英曾在《風月報》賦詩一首〈臺東雜詠〉，詩中字句「貓兒遙望鯉魚山」傳神描述此景。

1

2

3

4

5

來初。**錦鱗畢竟宜於水，願汝揚鰭返尾閭。**」此詩印證了鯉魚來自太平洋的說法，在當時已經流傳。

在《臺灣むかし話》（一九四三）書中，稻田尹除了提及貓鯉相鬥的情節，也說到鯉魚精作祟，才導致當地婦女容易生下雙胞胎。因為雙胞胎被視為惡兆，於是人們就挖去鯉魚精的眼睛。

施翠峰在《思古幽情集》（一九七六）也提到貓追鯉魚的傳說，另外還講述以前有一位阿美族青年在鯉魚山中發現一件金光閃爍的寶衣，後來被紅毛番（荷蘭人）騙走。不久之後，族內出生的胎兒、牛羊，眼睛都是瞎的，他們懷疑鯉魚山中的兩顆大寶石被紅毛番挖走，才讓鯉魚穴的靈氣喪失。

我實際走訪鯉魚山與貓山之後，才理解民間傳說為何會以這兩座山作為主角。因為臺東平原是由卑南溪、太平溪、利嘉溪共同沖積而成的三角形扇洲，而鯉魚山和貓山雖然高度不高（鯉魚山高度七十五公尺，貓山高度只有五十七公尺），但是在一片平坦地勢中，這兩座孤丘雙雙矗立，甚為醒目。若是爬上這兩座山丘，臺東平原一覽無遺。據說天氣晴朗的日子，在鯉魚山頂甚至可以遠眺綠島和蘭嶼。

正因為鯉魚山和貓山在平原上極為突兀，山形又似動物。因此，先民便發揮充沛的想像力，為這兩座山丘編排精彩的追逐傳說吧。

尋幽線索

- **鯉魚山步道入口**：可以經由臺東縣博愛路口進入。
- **貓山**：位於卑南溪南岸，靠近馬亨亨大道。

鳥羽博在《臺灣むかし話》第二輯繪製的貓精與鯉魚精的插畫。

奇景四十四 美崙山的巨人阿里嘎蓋

妖精講古

阿里嘎蓋是巨人，貓眼長髮，足足有阿美族人的四倍身高，據說喜歡抽菸。他們居住於美崙山西邊的洞穴之中，無惡不作，甚至會用魔法狎弄婦女，讓部落的人們頭疼不已。

據說阿里嘎蓋擅長變化魔法，他曾跟蹤一位帶著嬰兒的母親前往耕地。他拔下手毛，念咒之後就成為母親模樣，並且趁著對方不注意，偷偷剖食了嬰兒內臟。

阿里嘎蓋的惡行越來越多，終於讓阿美族人無法忍受，決心抵抗。但是，儘管部落勇士一再襲擊他們位於美崙山的巢穴，卻無法戰勝阿里嘎蓋的邪惡魔法。

正當眾人無可奈何，一位名叫「卡浪」的長老獨自前往海邊苦思，他意外夢見海神（Kafid）告訴他：「阿里嘎蓋並非人類，尋常方法無法消滅，必須要使用祭祀用的馬布絨（ma-porong，綁紮打結的芒草），才能擊敗對方。」獲得天啟的卡浪，歡天喜地趕回部落，與眾人大量製作「馬布絨」。最後，阿里嘎蓋不敵「馬布絨」的神聖力量，節節敗退，終於答應不再騷擾部落，願意永遠離開美崙山，不再回返。據說，阿里嘎蓋為了感謝阿美人不殺之恩，就告訴他們：「只要每年夏季，你們在岸邊以檳榔、酒、麻糬祭拜我們，就會讓你們漁獲豐收。」這也成為阿美

阿里嘎蓋

族海祭（Miladis，又稱捕魚祭）其中一種起源的故事。

探查筆記

妖怪是歷史的一部分，更是重要的鄉土文化資產。二〇一八年夏季，應該是臺灣有史以來第一場以「阿里嘎蓋」之名策劃的妖怪展覽，在花蓮市魔幻開幕。

展覽名稱「美崙山巨人族和他的產地」，是由「O’rip 生活旅人」的文史工作者黃啟瑞策畫，包含文物展覽、繪畫藝術、光影偶戲、主題講座……等等活動，幾乎將阿里嘎蓋相關物件、衍生創作一網打盡。於是我特地前往花蓮觀展，同時踏查傳說中有關阿里嘎蓋的地景、地物。

阿里嘎蓋，英文拼音 Alikakay、Arakakai，也被翻譯為「阿里卡蓋」、「阿里嘎該」等異名。在南勢阿美族、撒奇萊雅族的傳說中，阿里嘎蓋是巨人族，會吃人，尤其喜歡吃小嬰兒的內臟，《蕃族慣習調查報告書》、《蕃族一班》都有相關紀錄。

傳說版本複雜，在日治時期文獻中，讓阿里嘎蓋害怕的致命武器不是馬布絨，而是婦女月事所穿的汙穢褲。某些版本則說起阿美族「運動祭」（Malishen）的起源，是因為當初討伐阿里嘎蓋，各部落會以年齡階級的分類訓練勇士，讓勇士學習各種戰技，因此衍生運動祭。有些版本則說，給予天啟的神明乃是山神馬拉道（Malataw）。至於現代學者的研究，則解析阿里嘎蓋乃是西方人（荷蘭人或西班牙人）為了尋金而抵達東部，因為外貌奇異，而被當地住民妖魔化。

「O’rip 生活旅人」將妖怪展場設置於美崙山周邊的日治時期古蹟「將軍府」，除了展示阿美族捕魚的竹簍、弓箭武器……等等器物，也邀請地方人士畫出各種形象的阿里嘎蓋，甚至請志工編織並展示一百支「馬布絨」——當初退治阿里嘎蓋的神聖道具。

我詢問策展人黃啟瑞，為何規劃這個展覽？他說好幾年前就有這樣的想法，起因乃是看到許多鄉鎮經營各自社區形象，但很多活動卻與當地歷史脈絡毫不相干。與鄉土嚴重脫節的結果，只是讓文化養分迅速流失。黃啟瑞認為，不如就以最具代表性的鄉土傳說作為代言角色，反而更有特色。因此，流傳於花蓮的阿里嘎蓋傳說就成為他心目中的首選。

黃啟瑞認為，只要故事不斷被述說下去，族群精神就會被保存下來，也會加深鄉土在地的自我認同。至於展覽場地位於將軍府，也別具意義。因為只需步行，就能走到美崙山，也就是傳說中的巨人棲息地。

現今已經無法明確找到當初巨人躲藏的洞穴，據說此洞已被填平。目前美崙山北半邊仍是軍事管制區，能夠自由走動的區域只有南半邊，但往日的幽闇氣氛早已一掃而空，登山步道有許多民眾跑步、運動，也有羽球場、兒童遊樂設施，絲毫沒有巨人曾經肆虐此地的痕跡。

那麼，阿里嘎蓋曾留下什麼遺跡嗎？根據金榮華的著作《臺灣花蓮阿美族民間故事》（二〇〇一），吉安鄉的阿美族人陳光綠曾說：「**據說阿拉嘎蓋住在瑞穗，現在那裡的山上有兩根大石柱，就是他當年住房的柱子。**」根據《火神眷顧的光明未來：撒奇萊雅族口傳故事》（二〇一二）一書，住在壽豐鄉水璉村的撒奇萊雅族人蔡火坤也說明了阿里嘎蓋與石柱的關聯：「**掃叭石柱是阿里嘎蓋留下來的遺跡。以前阿里嘎蓋還在島上和人民共同生活的時候，他們有很多家俱，像杵和臼之類的，後來都變成了石頭，那個石柱就是杵。阿里嘎蓋離開的時候，他們用的家俱就變化為石頭。杵、杯子和吃早餐的地方全部都變成了石頭。**」

掃叭石柱位於瑞穗舞鶴，是兩根巨大直立的石柱。儘管耆老們說阿里嘎蓋與石柱有關的說法是祖先所言，但

❶「美崙山巨人族和他的產地」展覽會場所展示的阿里嘎蓋繪畫，是來自 Sakor 部落的長輩與青年共同創作的三幅作品。圖右的阿里嘎蓋十分特殊，呈現阿里嘎蓋假扮成婦女的形象。

❷高韻軒老師帶領的靜浦國小光影偶戲「狡詐的巨人」的道具，也展示於將軍府。

❸美崙山現貌，此地已經成為民眾休閒的公園。除了阿美族會流傳巨人故事，撒奇萊雅族也同樣流傳阿里嘎蓋作亂的傳說，據說美崙山上有一顆大石頭留有阿里嘎蓋的腳印。另外，在閩南人傳說中，此地也是魔神仔的地盤，若是小孩不乖，長輩會說小心被魔神仔抓去北笠仔山（即美崙山）浸牛屎。

❹由葉片編成的「馬布絨」，據說是擊退阿里嘎蓋的神聖武器。

❺花蓮縣農會碾米廠外的牆壁，是國福社區文化廊道，牆壁上繪有精美的原住民文化故事，照片中即是阿里嘎蓋的壁畫。

❻瑞穗的掃叭石柱，兩根石柱矗立地面，十分奇異。根據口述紀錄，石柱可能是阿里嘎蓋住房的柱子、遺留下來的杵。

這種說法應該是比較晚才產生的故事。因為阿里嘎蓋發源地與美崙山息息相關，但美崙山與瑞穗相距七十多公里，若說石柱乃是他們住房的柱子、遺留的杵，有些怪異。在阿美族、撒奇萊雅族的口述傳說中，大部分還是會將美崙山視為阿里嘎蓋的大本營。

至於掃叭石柱相關傳說，阿美族大多流傳這是迦納納部落（Kalala）的祖先留下的遺址，而撒奇萊雅族則會說石柱乃是天神福通（Butung）爬上天庭時所用的天梯。

花蓮各地之所以會流傳掃叭石柱與阿里嘎蓋的故事，根據黃嘉眉研究可能是當地石器遺物、奇景怪石甚多，又因阿里嘎蓋故事流傳甚廣，因此穿鑿附會。例如，豐濱石門洞附近有一塊異石，據說就是阿里嘎蓋吃剩的糯米糕變成。例如，吉拉卡樣部落的山興里第八鄰區域，曾發現許多石器遺物，因此當地就流傳第八鄰曾經有阿里嘎蓋出沒的故事。

儘管故事紛紜，但我們也能從這些傳說渲染之地，推測阿里嘎蓋的「傳說圈」究竟有多大影響範圍。

或許，阿里嘎蓋的足跡已離現代十分遙遠，巨人之說荒誕又怪異。不過，若我們能對這些傳說興起更多好奇心，或許我們也能對花蓮的鄉土文史擁有更多認識。

尋幽線索

美崙山公園：花蓮縣花蓮市尚志路二十五之二號。

花蓮

奇景四十五　七星潭的青石妖怪

妖精講古

我現在跟你說一個青石公的故事。

以往那個青石公，它是一個妖怪，它住在佳山這個地方，佳山叫做佳冬腳。在加禮宛這個地區，有一個獵人，他娶了一個老婆，長得很漂亮。他都要去這個佳冬腳，這獵人都要去這個佳冬腳，那裡有山嘛，他去那裡打獵。

這個妖怪就看到獵人他的老婆很漂亮，就把她老公害死、把這個獵人害死。害死之後，就變作這個獵人的模樣，去到獵人家跟她住。

結果被獵人的老婆發現，發現的時候呢，這個妖怪就跑回去它原本住的佳冬腳，加禮宛這些村民，就召集了很多人，要去追殺它。追殺之後，它就一直跑，它是妖怪嘛、身材很高大，它就一直跑一直跑，就撞出了十幾個窟窿，我跟你說過的那十幾個窟窿就是它撞出來的。它一直跑，跑到這個海邊的時候，就被人打死在這個海邊。

打死之後，神明就說：你以前做壞事情，所以要在這邊鎮守，把它變作一顆青石公，把它變作在那邊。

——《花蓮縣民間文學集（二）》

以上的故事，出自李進益、簡東源編輯的《花蓮縣民間文學集（二）》（二〇〇五），七星潭當地居民潘清宗講述海灘上巨大青石的由來。根據他的說法，這顆青石原本是一隻貪戀美色的妖怪，為了奪取獵人妻子，甚至謀害獵人。最後，妖怪陰謀敗露，被村民追殺，逃至海邊，被神明變成一顆守護當地的青石公。

故事中提到「佳冬腳」，即是佳林村，也就是現今的佳山空軍基地，以前因為有很多茄苳樹而得名。故事中的「加禮宛」，則是花蓮縣新城鄉的嘉里村，自十九世紀中葉開始，宜蘭的噶瑪蘭族陸續遷來此處，建立加禮宛六社，人數曾經多達六千人，與太魯閣族、撒奇萊雅族、阿美族比鄰而居。在一八七八年，發生「加禮宛事件」，加禮宛人與撒奇萊雅族人向清軍對抗，慘遭失敗，兩族的族人只能離開家鄉，藏身阿美族部落。

在青石公的故事中，雖未表明獵人來歷，但根據地緣關係，可以推測獵人身分應該是原住民，尤其可能是加禮宛人。根據另一則口述紀錄，研究者詹嘉慧訪問當地居民的時候，也聽過青石公的由來，那位被怪物覬覦的妻子則是「山地姑娘」。以下簡述詹嘉慧採集的版本：

佳山有一條青龍，化成一位白面書生時，愛上了嘉里村的山地姑娘。於是青龍變成人形與她的丈夫一起去打獵，卻獨自回來，並且變成她丈夫的模樣，想要欺騙她。山地姑娘察覺丈夫不對勁，已經不是原本的丈夫，於是召集村內壯丁追趕這個怪物。青龍跑到了七星潭海邊，就被山地壯丁活活打死。死後，青龍變成一顆大青石，發出七道光，往天上飛去。後人因為這一幕，便將此地命名為七星潭。

❶七星潭海邊的青石公是深綠色的片岩（片質結構的變質岩），直徑大約兩公尺，高約一七〇公分以上，彷彿長形岩石傾斜插入沙中。在海灘上，其實有三塊以上的青色大石，需要辨別最大的那顆，才是青石公。傳說青石公是妖怪化身，另外也有傳言，青石公可以保佑當地漁民。只要天氣不好，青石就會發出紅光，向漁民警告不要出海，故有神石之稱。

❷青石公另一側。

❸遠眺七星潭，圖片的右下角即是青石公。七星潭名稱的由來，除了有青龍變青石的傳說，另外還有兩種說法。其一，此地以前有七個水潭。其二，民間傳言海底下有七個窟窿，故名七星潭。

根據這兩種版本，青石公的故事，也許來自加禮宛社，詹嘉慧也懷疑這則傳說是否隱含噶瑪蘭族人與七星潭海灣的某種關聯。不過，青石公是青龍化身的版本，添加了許多漢文化的元素（例如青龍、白面書生），可見這則故事傳述的過程中，受到漢文化很多的影響。

尋幽線索

青石公：位於七星潭海灘，最大的一顆青石。位置大約是在七星街、原野牧場前方的海灘上。

奇景 四十六 羅山村的四項寶物

探查筆記

自從在《花蓮縣民間文學集（二）》（二〇〇五）讀到羅山村的四寶傳說，我就對此地充滿遐想。

羅山村原名是螺仔坑，因盆地形狀像是田螺，才有此名稱，而流經盆地的溪水也被稱為螺仔溪，戰後才改名為羅山。據說羅山村風水極佳，以前曾經出現四項寶物，也就是金雞母、金水鴨、金茶杯、金劍。其故事如下：一、羅山瀑布的山頂有一隻金雞母，瀑布底下則有一對金水鴨，牠們都會在陰天的時候啼叫。二、村內有一個金茶杯，所以據說庄頭兩邊各有一支山脈，天氣好的時候會發出鳴叫聲，人們也會聽到白馬奔跑的聲音、龍銀鈴鈴響的聲音。原文未寫明金茶杯與白馬的關係。三、葉聰林的房屋以前是林金福所居住，屋中藏有一把金劍。

根據講述者朱金田夫婦、潘金來的說法，這四項寶物後來都被「紅毛番」取走。而住在藏有金劍的房屋的青年，原本有上千斤的力氣，卻因為寶物被奪走而變成普通人。

儘管故事結局是四寶皆失，如今的羅山村已經看不到這些寶物，但我仍舊想親眼看一看羅山村的風景，也想釐清一些疑點。例如，我查看羅山村地形圖，但左看右看，卻始終無法得知庄頭兩邊的山脈位置，究竟在哪裡？

當我在二〇一八年踏足當地，山脈位置的問題一下子就迎刃而解。原來當地山脈並不高，在地形圖上才會形狀不明顯，頂多只算是小型丘陵，大約位於螺仔溪的左右兩邊。東北邊的丘陵從羅山遊客中心一直往羅山瀑布延伸過去，西南邊丘陵則比較低矮。

在民宿老闆的引薦下，我認識當地農民林運枝先生（八十一歲），他則稱呼村中的丘陵是「崙仔」。因此我也發現《花蓮縣民間文學集（二）》寫山脈是「龍仔」其實待考，正確寫法也許是「崙仔」？

林運枝在當地經營「大自然體驗農家」，老當益壯，而且熱情好客，經由他對於羅山村的介紹，我也一一比對書中記錄的四項寶物傳說。

根據他的說法，以前確實有人看過白馬奔跑，其地點是在桂竹林與南邊丘陵之間，白馬從低處跑向高處，而且目擊者有好幾個人。不過他從未聽過金茶杯的故事。

至於羅山瀑布的金雞母、金水鴨故事，林運枝也沒有聽過，只說瀑布水潭有許多苦花、鱸鰻。雖然我想前往瀑布一探究竟，但是步道已經毀壞，需要當地人帶路才可以抵達瀑布。

關於金劍故事，林運枝並沒有聽過金劍的存在。至於林金福此人，林運枝則說是一百多年前出生，他與林金福的兒子是同學，他們家是閩南人。當我提及村中是否也有葉聰林這個人，林運枝則搖搖頭糾正我，說此人應該是一位名叫「葉昌琳」的客家人，也是一百多年前出生，他也與葉昌琳的二兒子曾經是同學。

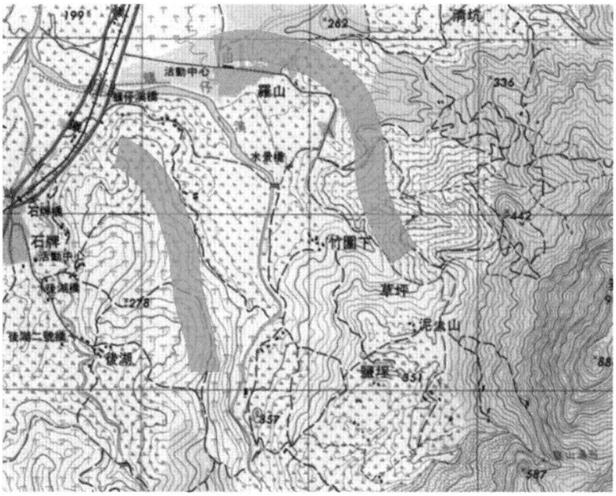

地圖上的綠筆軌跡，即是羅山村兩座丘陵走向（二萬五千分之一經建版地形圖，第二版）。

根據林運枝的講述，葉昌琳以前經營菸酒店舖，原住民顧客頗多，屬於村內的大戶。最引人側目的，則是葉家房舍外觀很奇特，屋簷像是廟一樣的構造，但沒有燕脊。聽聞這個說法，讓我覺得很興奮。也許書中記錄的「葉聰林」是誤字，而應該是「葉昌琳」？葉昌琳與林金福是同時代的人，也與書中敘述相符。並且，書中提到金劍藏在屋中，也特別描述此屋的奇妙（日落時的陽光照到此屋的巷口就會消失），這個說法似乎能與林運枝提及葉家屋簷的特別構造互相對造。也許因為葉家房舍很奇特，才引起鄉人議論紛紛，甚至編織金劍傳說？

可惜的是，當我詢問葉家老屋的位置，林運枝則表明其屋已經拆除，現在改建為孩童的補習場所「羅山學堂」。與林運枝先生閒聊時，我也對於羅山歷史稍微了解。此地在日治時期就以農為生，會種樹薯、地瓜，也有澱粉工廠。到了戰後八〇年代，人口大量外移。雖然生計艱困，林先生因為要照顧年邁父母才留在家鄉。後來二〇〇〇年代政府提倡有機農業，他便加入行列，與村民一同打造出「羅山有機村」的稱號，讓當地盛產的泥火山豆腐乳聞名遐邇。

儘管羅山四寶只留存傳說之中，但是每個時代都有屬於自己的寶物。如同林運枝先生胼手胝足開拓家園，平凡之中的不平凡，也許才是更令人敬佩的珍貴寶藏。

尋幽線索

- **羅山大魚池**：進入羅山村中前往羅山風景區的方向，便會遇到通往大魚池的指標。

1

2

❶經由林運枝先生的引導，若要拍攝羅山瀑布美景，可以到羅山大魚池，此池與泥火山景點相近。原本此處是沼澤地，早期居民引水成池來灌溉農田，才形成大魚池景觀。

❷羅山村生產的泥火山豆腐乳，味美鹹甜，以泥火山水作為天然凝固劑，是當地名產，儼然成為當代的羅山村之寶。

❸羅山村西南邊的丘陵，據說白馬曾在此處奔跑。

❹改建後的羅山學堂，是當地學生課後補習的地點，也是葉昌琳老屋所在地。雖然老屋不存，但是學堂門口上仍然懸掛「菸酒」的老招牌。

3

4

奇景四十七 乘鯨逃離女人國

神靈講古

以前有一位男孩名叫「馬久久」，某日與兄長前往山區砍柴時，突然大雨滂沱，秀姑巒溪暴漲，將馬久久沖向下游，甚至漂流至大海。

馬久久抱著浮木，意外抵達名叫「巴來珊」（Balaisan）的島嶼，島上竟然全是女子，甚至以為馬久久是怪物。之後，馬久久被帶去面見女王，女王知曉這是男性，卻不說破，反而告訴島民：「這是動物，我們把他養大，就像養豬一樣，殺來吃。」

關押馬久久的地方，還有好幾名男性。原來這些人都是女王的俘虜，除了養肥會被殺掉之外，也作為傳宗接代之用。

馬久久為了活下去，每天刻意不吃飽，多年之後才找到機會逃走。當他逃至海邊，卻被士兵發現，於是他就跳入海中。這時，一隻大鯨魚現身，載著馬久久回到他的部落。據說大鯨魚抵達岸邊時，甚至用魚尾巴將水璉部落掃成一處海灣。

大鯨魚告訴馬久久，之後要以甕、檳榔、酒、芒草結、糯米糕來祭拜祂，因為祂是海神（Kafit）。從此之後，當地在五、六月份舉行海神祭。

——改寫自《火神眷顧的光明未來》

探查筆記

以上的故事改寫自《火神眷顧的光明未來：撒奇萊雅族口傳故事》（二〇一二）書中的文章〈馬久久與海神祭〉，來自壽豐鄉水璉村的蔡金木所講述的奇譚。

馬久久乘鯨逃離女人島，在撒奇萊雅族與阿美族都有流傳，蔡金木認為他講述的故事最早可能來自奇美部落。在日治時期，《蕃族調查報告書》、《生蕃傳說集》等書，就有女人島奇譚的記載。當時採錄的不同版本，主角名稱可能是「Maciwciw」或「沙達宛」，女人島名稱則是「Falaysan」。

根據黃嘉眉《花蓮地區撒奇萊雅族傳說故事研究》（二〇〇九）對於女人島奇譚的爬梳，此故事在日治時期就流傳阿美族各社，而當代只在水璉村最為普遍流通。此故事之所以能在水璉村繼續傳承，黃嘉眉認為這是因為當地以漁業為主，敬畏海洋的海神祭是重要的傳統儀式，所以與祭儀相關的女人島故事也被流傳下來。

此外，女人島故事也與水璉村進行了「在地化」的連結。蔡金木的口訪紀錄說到：**「不知經過了多久，回到了部落，鯨魚將水璉部落掃了一處海灣，**

日本時代在恆春海域捕獲座頭鯨的照片，出自堀川安市《臺灣哺乳動物圖說》（1932）。

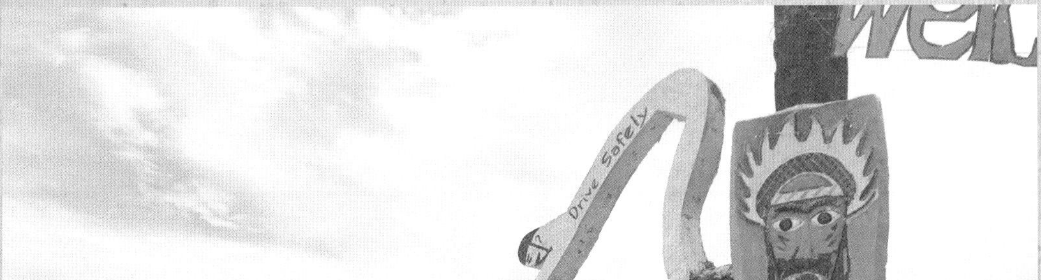

❶站在牛山海岸往北望，海灣呈現弧形，彷彿真的曾被魚尾巴掃過。

❷「牛山呼庭」餐廳的入口處，可以通往海岸。阿美語的「呼庭」（Huting），就是指放牧牛羊的地方，因為此地的山丘原本是阿美族放牧水牛的草原區。

成為三面環山，一面向海的地形，就是被魚尾巴打到的。」這段描述十分生動，甚至結合了水璉地理特色。

我查閱地圖，水璉的海灣確實是弧形，實際到當地觀察，地勢也是西面有山、東面向海，是一處河谷盆地。當地有一個著名的景點，名叫牛山海岸，走踏在沙灘上，往北眺望，長弧形的海灘讓人聯想起馬久久的傳說。當時他拚死逃離女人島，乘坐鯨魚回到這座海岸時，想必是歡天喜地。不過當他返回部落，發現早已滄海桑田、物是人非，肯定感慨萬千吧。而這座被鯨魚掃出的弧形海灣，從此就成為水璉村獨一無二的壯麗風景。

尋幽線索

牛山海岸：花蓮壽豐鄉海線台11線，「牛山呼庭」餐廳入口附近可以通往海岸。

奇景四十八

花蓮鬼屋：松園別館

探查筆記

花蓮有一座曾經遠近馳名的鬼屋，也是以前花蓮學生夜遊冒險的去處——松園別館。

之所以說「曾經」，那是因為松園別館修繕過後，在二〇〇三年正式開園，鬧鬼傳聞就慢慢停歇，反而成為當地著名的觀光休閒景點，國內外遊客如織。

此地會有鬼屋之名，要從它的身世講起。松園別館舊名「花蓮港陸軍兵事部」，建於一九三九年，是當時日軍的軍事指揮中心，也作為徵兵機構。國民政府則在一九四七年正式接收此地，由陸軍總部管理。在一九九七年，松園別館面臨拆除危機，經過在地人士的積極爭取，終於讓松園別館登錄為花蓮縣歷史建物。

因為此地是在太平洋戰爭時期興建，日方戰敗之後，據說有一名殺過許多中國人的日本軍官在此地切腹自殺，從此之後「日本幽靈」的傳聞甚囂塵上。夜晚時分，附近住戶會聽到松園傳來日本軍歌，也會有軍人踢正步、答數的聲音。在男廁解手時，會被拍肩膀，或者聽到後方傳來日語的問候聲，但轉頭看卻空無一人。在二〇〇二年改建時，傳言工地意外不斷，需要祭拜「好兄弟」才能讓工程順利進行。

為何松園別館會成為花蓮著名的鬼屋？我搜查舊報紙，並沒有發現此地曾有意外事件、死亡事件發生。日本軍

松園別館的入口處。假日時遊客眾多，只有一條小道通往松園別館的山丘，又因車道狹窄，建議在附近停車，再步行入館。

官自殺之事，則是當地耆老陳義和在口訪紀錄中所言，不過此事未見於其他史料。據聞神風特攻隊的隊員出征前，會在此地接受「御前酒」，但是這項傳說也缺乏有力的證據。

鬼屋的傳聞起源，很有可能是在戰後，因為松園老舊，暗影幢幢，才會流言四起。雖然經過退輔會、花蓮農場等不同單位的管理，卻長年閒置荒蕪，久而久之就成為人們口中的鬼屋。是否真有靈異事件發生，目前已經難以證實。

松園別館歷經整修，古色古香的老屋已成為每年太平洋詩歌節舉辦的地點。如今，靈異跫音早已遠離了松樹林，反而是詩詞歌賦與松濤海風一起迴響。

尋幽線索

松園別館：花蓮縣花蓮市松園街六十五號。

奇景四十九　七腳川大樹下的鬼火

鬼魅講古

花蓮市主農里十一鄰住民徐阿貴之長男徐慶榮，年十四歲……（略）……於本月十二日上午四時左右，行至主權里十六鄰與七腳川交界路邊，原有一二株大樹生得茂盛，此時黑雲蓋天，徐生返身看他同學有沒有到來，這時突然由樹上落下一只青火帶烟在身邊，一心上學至切從也沒有見過怪物休管他，再向前進走有十多步時，突然又有一只青火墜落地上帶烟即時變成一個黑人形身長與一般男人無異，看不見面貌，只見眉毛約有四五寸長，能活動，徐生心裡想係過路人，亦不管他，再向前走時，怪物兩手伸舉，不讓前進，如此徐生由右側走，他又逼近，由左走他又逼近，又不發聲音，一時魂散魄飛，神情緊張。在該路，邊有一條橫路，聽有人家裡破柴之聲音，縱身飛跑到該里十六鄰九三號人家廚房大聲叫門……

——《更生報》（一九五六年十二月十四日

探查筆記

在一九五六年十二月十四日，《更生報》的第二版刊出一篇鬼火新聞〈七腳川附近大樹下，突有青火變人形，一小學生魂飛魄散〉，這篇新聞講述就讀鳳林中學一年級的徐慶榮，上學途中意外遇到青火變成黑人怪物，他嚇得趕緊逃走。附近住家的曾姓老婦人見到徐生慌張，連忙安慰他，並且送徐生到田埔車站坐車上學。不過，徐生在學校坐立難安，心有餘悸，只能請假返家休養。

這篇報導光怪陸離，場景描述卻非常細膩，究竟祕祕的青火存不存在？

根據報紙所說的事發地點，比對主權里十六鄰與七腳川交界處，我推測是目前吉安溪畔、德安六街（德安運動公園附近）的路段。目前這條道路的堤防人行道種植一排樹木，其樹種是臺灣欒樹，花季時候一片黃澄澄，賞心悅目，不過附近並沒有報紙提到生得特別茂盛的樹木。

關於新聞所說「由樹上落下一只青火帶烟在身邊」，此描述讓我想到一種可能性，是否當初落下的並非青火，其實是樹木的果實？

臺灣欒樹在九月開出燦黃花朵，十月至十二月之間，就會出現氣囊狀的紅褐色蒴果，猶如燈籠，所以臺灣欒樹又有「燈籠樹」的稱呼。對照新聞中提到當時是十二月，並且黑雲蓋天，似乎天氣不佳，是否有可能蒴果被強風颳落，結果被徐生誤認是怪異的青火？

為了解答，我搜尋老地圖，想印證這個假設。很可惜的是，根據一九四五年美軍拍攝的航空照，此路段的堤防並沒有栽種樹木。直到十一年後的一九五六年，應該也不可能長出特別茂盛的大樹。而且臺灣是在七〇年代之後才廣泛種植臺灣欒樹，目前德安六街堤防上的臺灣欒樹不太可能在五〇年代就有。看起來，青火是臺灣欒樹蒴

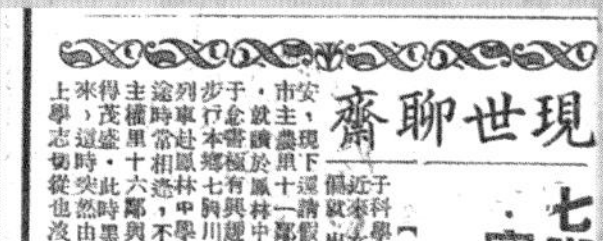

現世聊齋

七腳川附近大樹下
突有青火變人形
一小學生魂飛魄散

【吉安訊】久未聞說神鬼出現，如果原子科學發達時代，傳說神鬼事多有不相信，近來在花蓮市主權里七腳川堤防路上，偏偏就出現了一個鬼怪，弄得通學生精神不安，現下還請假休養中。其經過情形誌誌如次：花蓮市主權里十一鄰佳民徐阿貴之長男徐慶榮，年十四歲，就讀於鳳林中學一年級，自本年九月開學以來，對于念書極有興趣，每晨三時起床，吃了早飯後由家裏步行本鄉七腳川堤防交道路走到田埔車站乘五時三分列車赴鳳林中學上課，均相安無事，有時與同學在路途時常相遇，不料於本月十二日上午四時左右，行至主權里十六鄰與七腳川交界路邊，原有一二株大樹生得茂盛，此時黑雲蓄天，徐生返身看他同學有沒有到來，這時突然由樹上落下一只青火帶烟在身邊，一心上學志切，從也沒有見過怪物，休管他，再向前進走有十多步時，突然又有一只青火墜落地上帶烟即時變成一個黑人形身長與一般男人無異，看不見面貌，只見眉毛約有四五寸長，能活動，徐生心裏想保邊路人，亦不管他，再向前走時，怪物兩手伸舉，不讓前進，如此徐生由右側走，他又逼近，由左走他又逼近，又不發聲音，一時魂散魄飛，神情緊張，在該路　邊有一條橫路，聽有人家裏破柴之聲音、縱身飛跑到該里十六鄰九三號人家廚房大聲叫門，該房內有一位老太太名叫曾嬌妹，正在破柴準備燒飯當中．突然有一位小孩氣喘喘衝進入來，她也吃驚一場，並輕言問徐生為何事這樣慌忙，這時徐生魂　飛魄散、心驚面青，當時不能說話，鄰驟還位曾老太太細心細意安　慰他　不要怕，過了十餘分鐘，徐生始將經過情形告訴她後，曾老太太　係積善之　家、把徐生送到田埔車站乘五時三分列車到校裏，其精神還未回復，這時也不會念書、即請假返家正在休養中（芯）。

傳有此一說
信不信由你

❶臺灣欒樹的氣囊狀蒴果，顏色呈現玫瑰紅，最後會變成土褐色。

❷這是美軍「舊市區航拍」（一九四五年），斜切而過的河流是七腳川，由西北往東南流向大海，左岸靠近溪流的道路，即是一九五六年發生鬼火事件的場所。

❸一九五六年十二月十四日的《更生報》。

果的可能性很低。徐生途經的大樹，很有可能靠近房屋，並非位於堤防。

但，報紙說到青火是從樹上掉落，這樣的描述非常特殊，也許青火真的是某種從樹上掉落的物體，卻被徐生誤認為青火？若是如此，突然出現的黑人怪物，又該如何解釋？

因此，繼續推敲，或許還有一種可能性：徐生目睹了摘除蜂巢的現場。

摘除蜂巢有數種方式，其中一種方法是用火燒。這解釋了「青火」從樹上掉落的畫面，其實是著火的蜂巢墜落，「帶烟」則是因為蜜蜂四散而出。「黑人」的存在，則是摘除蜂巢的人，為了掩蓋體味、避免被蜂螫，而將黑泥塗抹全身，無意中製造出來的「怪物」。這名「怪物」之所以不讓徐生前進，也許是在警告不要靠近墜落的蜂巢。

不過，若真是如此，為何「黑人」始終不發一語？

無解的鬼火事件，奇異而迷人，謎題仍在等待被揭曉的時刻。

尋幽線索

花蓮市德安運動公園：附近的德安六街路段。

奇景五十 慶修院的治病石碑

探查筆記

花蓮曾經有一座日本移民村，名叫「吉野移民村」，慶修院以往是當地的信仰中心。

吉野移民村的歷史，要回顧到明治四十一年（一九〇八）發生的「七腳川事件」。日人雇用阿美族的七腳川社人去防守隘勇線，卻薪資微薄，因此引發抗爭。日人平亂之後，為了防止叛亂再起，於是強占七腳川社的土地，並將歸順者遷移到他處。為了善加利用這塊原本是阿美族人的土地，總督府在明治四十三年（一九一〇）招募了日本德島縣的農民，在此地開闢移民村。

吉野移民村在日本農民的經營下，逐漸擴大規模，建立起輕便鐵路、神社、郵局、醫療所……等等公共建築，另外也有一間寺廟「真言宗吉野布教所」。這間布教所是日本真言宗高野山金剛峰寺的海外別院，具有傳教、醫療、喪葬法事的功能。戰後，這間寺廟就改名為慶修院，此地的地名也被改為「吉安」。

現今，慶修院經過修護，洋溢古色古香的日式風情，成為觀光客造訪花蓮時的熱門景點。漫步庭院，有一塊十分搶眼的巨大石碑，上頭書寫「光明真言百万遍」，看起來威嚴十足。所謂的「光明真言」，就是東密真言宗的大咒。據說此石碑具有神力，只要病人膜拜石碑，誦唸佛語，繞行石碑一〇八遍，就能治癒疾病。

飄洋過海的日本移民，生活十分艱辛，又因為不適應東部環境，容易生病死亡。根據總督府《官營移民事業報

❶慶修院門口。

❷佛堂前的「百度石」。

❸慶修院的石碑，書寫「光明真言百万遍」。

❹吉野開村紀念碑，碑上有臺灣總督中川健藏的題字「拓地開村」，並且有花蓮港廳長今井昌治撰寫的碑文。

告書》，吉野村在大正元年（一九一二）的死亡人數就高達七十人，死因包含胃腸病、風土病（瘧疾）、呼吸道疾病。

此外，根據清水半平《吉野村回顧錄》（一九七二），當時的村人經常罹患一種「不明熱」。據說有病患在開墾時，曾經挖到阿美族墳墓，之後在高熱半昏迷狀態中，隱約見到亡者靈魂，於是這種疾病被認為是阿美族鬼靈作祟。事實上，「不明熱」乃是恙蟲病。

日本移民順著歷史的潮流，來到臺灣，希望開創自己的家園。在艱困的生活中，努力對抗疫病、風災，村內的布教所成為他們心靈寄託的對象。不過最後，歷史的潮流又將他們從這塊土地推開，不得不返回日本。

歷史是非對錯，難以一語道盡。在時代的洪流中，又有什麼事物會留下？留下來的存在，其實除了古蹟之外，鬼魂也會留下。根據《花蓮縣民間文學集（一）》（二〇〇五）的田野調查紀錄，吉安鄉有一位名叫曾小澄的客家鄉民講述了一則幽靈故事，簡述如下：「**戰後，日本人都搬離此地，但是當地某間房屋卻會出現一名日本女鬼，夜晚時，祂會拿著水桶忽隱忽現。曾姓鄉民認為，這是因為日本人沒有將那名女子的魂魄迎回日本，才會造成日本女鬼無法回歸。不久之後，庄內有法師作法處理，這名日本女鬼才不再出現。**」

這則鬼故事聽起來，似乎不太恐怖。不過，其中有些細節，充滿想像空間。例如，女鬼為何拿著水桶？祂就算已經不是活人，是否仍然惦念著要替菜園澆水，努力照料作物？就算只剩一縷魂魄，祂也懷抱著經營家園的心願。

不管歷史的洪流來來去去，活人或者亡者，想要在土地上扎根的心願，都是一樣的珍貴。

尋幽線索

- **慶修院**：花蓮縣吉安鄉中興路的四五之一號。
- **花蓮吉野開村紀念碑**：花蓮縣吉安鄉慶豐村中山路三段四七三號右後方。

奇景五十一 貓將軍爺：貓魂變天神

神靈講古

宜蘭頭城鎮的新建里有一座將軍廟，奉祀的神明是「將軍爺」，祂以前其實是一隻山貓妖怪。原本祭祀此神的廟宇，位於附近山上的福成庄（福德坑）。

傳說在光緒元年，庄內有一隻山貓妖怪，經常偷吃家畜、害人染疫，居民騷動不安。之後，山貓妖怪藉由童乩轉達心願：「若要我不作亂，必須為我建廟，我將成為全庄的守護神。」於是庄民遵照其言，虔誠蓋廟供奉。

如今將軍廟位於頭城鎮，據說是因為雨災洪水，廟裡的神像被沖下山，因此才在新建里重新建廟祭祀。

探查筆記

頭城貓妖傳奇，據說是新建里將軍廟（也稱「天神宮」、「天神廟」）的建廟由來。在光緒元年（一八七五），福成庄有山貓妖怪肆虐，庄民在隔年（一八七六）就蓋廟祀之。原先的駭人精怪，就此成為庄內的守護神。目前可以追索到的早期文獻紀錄，是日治時期的書籍，如下所述：

貓爺

❶丸井圭治郎《臺灣宗教調查報告書》（一九一九）：書中記錄宜蘭的頭圍（頭城的舊名）有貓神的信仰，名為將軍爺。祂的神像耳目如同貓狀，與普通人體不同。

❷鈴木清一郎《臺灣舊慣：冠婚葬祭と年中行事》（一九三四）：作者在「第五篇、歲時與祀典」的八月之卷，講述了將軍廟的貓妖故事，也說此廟的祭日是八月十五日。作者提到山貓妖怪在福德坑作祟之地，另有一說是土地公廟，或是李石家。在一八九六年，福成庄的廟宇被抗日軍焚毀，到了一九〇一年才在現址重建。

❸《南瀛佛教會會報・第十三卷第十一號》（一九三五）：文中提到廟地建坪十二坪，在一九〇一年建立，廟祝是劉大江，管理人是蕭姓。據說創立時有種種靈驗，雖然爾後神蹟漸少，但是信徒為了祈禱安寧幸福，依然會在正月、例祭日去參拜，人數頗多。

❹增田福太郎《臺灣の宗教》（一九三九）：作者曾經在一九三六年調查此廟。他註明將軍爺是「李將軍」，並提到祂的木刻雕像非常特別，耳目就像貓一樣。在農曆八月十四日的祭日，會有道士朗讀祝文，庄民也會前往參拜，供品則使用生魚、生豬肉、生雞、水果。並且，作者訪問廟宇管理人吳瑞，得知貓靈變為天神的過程。吳瑞講述，原先福德坑之所以祭拜貓神，是因為當地人士李某飼養的貓被庄民所殺，此後貓的亡靈經常出現，甚至殺害家畜，害人患病，讓人發出貓聲、做出貓的動作，因而人心惶惶。根據童乩請示，貓靈答覆要將祂奉為神祭祀，庄民因此遵照其言。

因為將軍廟經過重建，廟史不易確認，各個文獻的說法也有部分牴觸（例如祭日的日期）。不過，庄民敬畏貓妖，並為祂蓋廟的故事，應是無疑。

貓神信仰的神異，不只是宗教調查者好奇，文學家也多所著墨。一九三五年，西川滿在雜誌《文藝汎論》發表了〈臺灣風土記（四）：過火——宜蘭新興天神宮祭〉的文章，描述了天神宮如何進行「過火」的祭儀，文章簡述如下：

天神宮的童乩披頭散髮，口銜著刀，踏步作法，接著「**用那貓兒般的手勢開始揮舞著乩，在砂上寫下怪異的象形文字。駝背的豎桌頭急忙地跑上來，高喊『過火』，將神的旨意告知信徒**」。然後，廟前桌子擺上印璽、敕令、劍，道士唸完咒之後，就將空地上的薪柴點燃，轎夫抬著放置神像的輦轎跳入火中。過火結束之後的將軍爺，隨即被請入廟內。群眾歡呼神恩，帶著生病、受傷的妻兒，也一同踩踏熊熊烈火。

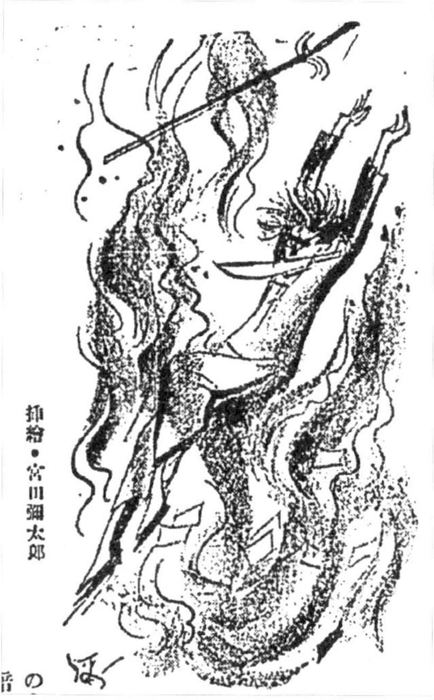

西川滿在〈臺灣風土記（四）：過火——宜蘭新興天神宮祭〉的文章首頁，搭配宮田彌太郎繪畫的插圖，描繪童乩口銜著刀，在火中作法的模樣。

在西川滿的筆下，天神宮的祭儀歷歷在目，玄奇而迷幻。雖然可能有誇大之處，但文中提到童乩、道士這些人物，與其他調查者所言的細節相符，可信度頗高。並且，這篇文章也提供了一個可能的想像：當初山貓妖怪藉由童乩傳達心願的形式，可能是以「扶鸞」的儀式來進行。

關於將軍廟的奇譚，文史工作者陳良峙訪查當地，更記錄下不同版本的衍生傳說。陳良峙經營Facebook網路平臺的「宮廟達人工作室」臉書專頁，他在二〇一四年九月六日發表的文章寫到：「**另有一說，此山貓靈保護主人原住民公主與吳化（吳沙之姪）的一段淒美愛情故事。……（略）……最有名的即是（福德坑）坑口的韋馱爺和坑內的孩兒爺與山貓的對峙抗衡，山下坑口處目前還見得到韋馱爺的風采（韋馱院）。**」根據他的訪查紀錄，

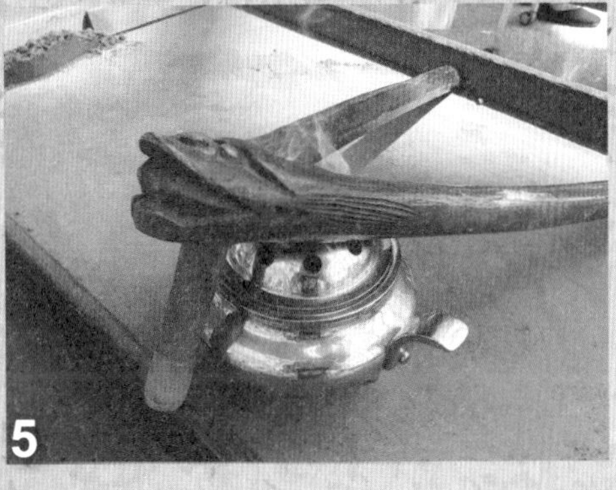

❶將軍廟現貌，廟埕上有紅色屋頂。

❷將軍廟的門聯。

❸靈山王的神像。根據陳良峙的訪查，此神即是原山貓靈。神像有著紅鬚紅眉，雙眼上方尚有一對尖細的眼睛（隱藏在神冠中）。青面四目，也許是為了表現出此神原本為貓精的獸靈身分？

❹正中間即是將軍爺的神像，紅臉黑鬚。

❺西川滿文章中，提到乩童手裡揮舞的「乩」，其實是木製雙叉的「鸞筆」（或稱「乩筆」）。使用此物和神靈溝通的儀式，則稱為「扶鸞」、「扶乩」，這種儀式以前在宜蘭尤其盛行，也發展出「鸞堂」的宗教組織。

在廟裡供奉的「靈山王」神像，即是原山貓靈。

不過，山貓妖怪化為天神的故事，也許因為涉及神怪，當地耆老大多避談。因此，貓妖傳奇很有可能在當代逐漸失傳。我拜訪頭城鎮的將軍廟時，在廟埕遇到兩位老伯，雖然我向他們探詢山貓靈之事，對方卻表示沒有聽聞，只說廟中的將軍爺就是「李將軍」。

雖然貓妖傳奇不再為人熟知，但因為近年來臺灣妖怪文化的影響，許多創作者開始將目光集中於頭城的貓將軍爺。例如，畫家角斯便在《寶島搜神記》（二〇一八）中，為貓妖繪製活潑形象，並附上將軍廟的歷史介紹，向讀者解說與貓相關的民俗信仰。或許未來某一天，大眾也會逐漸認識到妖怪並非只是負面意義，甚至可以成為鄉土記憶的重要媒介。

尋幽線索

將軍廟：宜蘭縣頭城鎮新建里新興路三二四號。

奇景 五十二

追尋龍銀飛錢的蹤影

我在「妖怪臺灣」的系統中，將龍銀歸類為怪譚類型的「物怪」。

儘管龍銀是妖異的存在，不過它同時也是一種可通行的錢幣。日本在明治維新之後，開始鑄造銀圓，以飛龍形象作為印記。在日治時期，臺島就開始流通龍銀。這種日本龍銀，本名稱為「龍洋」，幣值一圓。在清國時代，其實臺灣也有流通清朝鑄製的龍元，同樣也是銀元，幣面也以龍形作記，但在臺灣流通不廣。

日治時期的臺灣人，因為比較不曾見識過這種鑄造精緻的高價銀元，所以便將這種錢幣通稱為龍銀，也習慣作為寶物珍藏。影響至今，臺灣各地鄉野故事中，一旦出現「寶藏」、「財富」的情節，經常會以「龍銀」作為錢財的代稱，而且據說龍銀擁有靈性，能飛天遁地。

龍銀的怪異傳說，在日治時期便廣為流傳。有一則經典軼聞，出自《民俗臺灣》，黃啓木在〈飛錢〉一文寫到：「**傳說龍銀（刻著龍的一圓）一般都向著有福的人飛過來，得到此物者必為積善德者，這是土地公依天意送給有福者。相反地，若被無福者發現，則龍銀也會變成蜂蛆，即使到手也會因某種原因而立刻失去，而且會招來災禍，因此可以使得富者一夜成貧，也可使貧者一夜致富。**」

在他的文章中，他甚至舉例祖父的故事，說明祖父在少年時，曾經見到竹林高處有物體咻地飛過，像小鳥一般飛向南方。他祖父言之鑿鑿，說那就是龍銀飛錢。

若是無福德者發現龍銀就會招來災厄，他也舉例，有一名牧童看到龍銀飛過，以竹竿敲之，雖然龍銀落下，但龍銀卻砸傷他的腳踝，只能買藥膏治療，直到花光了兩枚龍銀，腳傷才癒合。非分之財，不可想望，這是龍銀故事最常見的道德教訓。

林良哲的著作《五角新娘》（二〇一一），書中主角董阿不提到的龍銀傳說，十分神奇，節錄於下：

而這些金銀財寶，尤其是埋藏於地底的龍銀，會在特定的時刻『變身』。龍銀們生出了一雙翅膀，一起飛舞起來，它們從高山上沿著河谷飛來車籠埔，只有幸運或是有福氣的人才會看見飛翔的龍銀。有一天，住在我們家附近的一位阿嬸看見整群的龍銀飛到家中，只見一片片銀光閃閃，且聽一聲鐺鐺作響，情景煞是好看，令她看得目瞪口呆，卻忘了要捕捉它們，後來，想到了這些龍銀正是『銀錢』，是上天賜給她的金錢，於是拿了一根長長的竹竿去攪打，但大部份的龍銀都飛走了，只有打下來幾個，她將打下來的龍銀放在籃子裡，沒想到籃子的竹編蓋頂竟然被龍銀撐開，嘩！嘩！嘩！龍銀趁隙全都飛走了。

林良哲在《五角新娘》書中記錄臺中耆老董阿不女士的生命故事，董阿不從小居住在車籠埔庄（現今的臺中市太平區），聽聞當地許多傳奇故事。據她所言，這位沒有抓到龍銀的阿嬸後來向附近的阿婆提及此事，阿婆還跟阿嬸說：「**以後捉到龍銀要立刻放到蒸籠內，用大火將它們蒸熟，才不會飛起來，更不會逃跑了！**」

另外，劉榮正發表在「高雄小故事」網站（高雄市立歷史博物館徵集民間故事而設立的網站平臺）的文章〈大社家族傳說：龍銀傳說〉，也提到不讓龍銀逃跑的妙招。根據文章描述，日治時期有一位許良馬先生在大社區挖到一堆龍銀。許良馬擔心龍銀飛走，就用蒸籠將龍銀來蒸熟。但是他怕子孫不肖，將這些財產敗光，所以又想了一個方式。他將龍銀放在小布袋，將小布袋連成一長串，將這些布袋「一袋」接著「一袋」，從家門外牽到家裡，象徵財富會「一代接一代」。

龍銀有靈、四處亂跑的故事，不只發生在本島，澎湖離島也有類似傳說。姜佩君《澎湖民間傳說》（一九九八）便採集到一則怪談，簡述如下：

> 某兩戶鄰居，各自擁有數枚龍銀，有一天，擁有兩枚龍銀的人家，突然聽到奇怪聲音，事後查看，才發現龍銀只剩一個，這戶人家聯想到，怪聲可能是龍銀跑走的聲音。所以他們就去問隔壁人家，是否有龍銀跑去他們家。結果，本來擁有十八枚龍銀的隔壁人家，竟多了一枚，出現十九枚龍銀。隔壁人家也不貪心，就將多出來的龍銀還給本來的主人。

會飛會跑的龍銀，想像起來十分可愛。所以，當我在某年夏日前往澎湖旅行時，意外在一家小店鋪看到仿造的龍銀，心血來潮，便買了一枚當作紀念。之後，我在學校演講時，有時候會展示這枚仿造龍銀，並介紹飛錢故事。

有一日，我與母親閒聊，母親皺眉想了想，就問：「該不會就是這個吧？」隨即，便從抽屜的深處取出一包塑膠袋，袋中赫然裝著許多古老錢幣。裡頭竟然就有一枚刻著「大日本・明治八年」的古老龍銀。

我家收藏的日治時期的龍銀。

「這是真物喔！是我的阿嬤留給我。」母親得意說道。

這枚龍銀是真物嗎？一名前輩告訴我，古龍銀很多仿品。所以，我也不確定這枚龍銀是真物。

我曾到戶政事務所，申請我家在日治時期留下來的戶籍證明，因此得知了母親的阿嬤——我的外曾祖母，名為黃賴明昭，大正二年（一九一三）出生，是在昭和七年（一九三二）成為黃家的養女。母親經常跟我說，她阿嬤會在她小時候教她日語五十音，是一名很溫柔的長輩。

撫摸這枚龍銀，母親跟我講過她阿嬤的一些故事，倏爾迴響耳畔。

這枚龍銀雖然不知是真是假，不過它正靜靜躺在我的掌心上，彷彿承載著許許多多不可思議的故事。這些故事跨越了漫長的時間，來到我的眼前。

奇景五十三 簡述臺灣鬼怪電影史

鬼怪電影表面上妖魔亂舞，但本質上卻是直指黑暗人心，諷刺殘酷的社會。「鬼片」帶來的並非只是消極悲觀，反而提醒人們如何在爾虞我詐的現實中奮力求生。

何謂臺灣鬼怪電影？我試著想像兩種原則。其一，臺灣電影公司、演員參與有關鬼怪題材的電影。其二，外國以臺灣鬼怪傳說為題材的電影作品。所謂的「鬼怪」，我定義為「妖精、鬼魅、神怪、怪談」四種主題。

臺灣電影最早可以追溯至日本時代，高松豐次郎受到總督府的委託，製作《臺灣實況紹介》（一九〇七），這是第一部在臺灣拍攝的影片，作為「模範殖民地」的宣傳。藉由他的推廣，臺灣開始興建大型戲院，他也與愛國婦人會合作在各地巡迴放映電影，並且跟日本、歐美電影公司簽訂放映合約。當時，臺灣電影或紀錄片尚未出現以鬼怪為主題的作品。

戰後五〇年代，臺灣電影是「臺語片」的盛世。在二十幾年之內，產出了一千部以上的臺語電影，風格多變，類型多元，此時便出現以「妖鬼神怪」為題材的電影。同時間，香港影界會拍攝廈語片，因為廈語和臺灣話都是閩南語（腔調略有不同），故港片在臺灣也受歡迎，而且還會從臺灣民間奇聞汲取靈感。

一九五六年八月上映的《林投姐》電影，便以府城女鬼為題材，片中包含十餘支的歌仔戲曲調插曲，女演員哭腔動人，觀眾反應熱烈，票房成績斐然。同年九月，江帆與白雲主演的《周成過台灣》也上映，雖是廈語片，卻以臺灣奇案為主題。到了一九六六年，李溪泉改編「周成過臺灣」的臺語片《伴子尋郎君》，拍攝地點就在北投的牡丹莊，廣告宣傳寫著：「**有『聊齋』故事氣氛，有『貞節牌坊』貞烈。**」

至於精怪題材的電影，列舉以下兩部。一九五九年上映的臺語片《蛇郎君》，改編自民間怪談，將蛇郎君打造成弄蛇的「阿拉伯貴族」，場景布置猶如「天方夜譚」，異國形象頗讓觀眾驚奇，成為當年度十大賣座臺語片之一。當時影劇界的知名導演張英，則在一九六〇年推出臺語童話劇《虎姑婆》，描述貪錢的媒婆扮成虎姑婆，擄走了一對姊妹，向她們拷問藏寶地點。

除了鬼魅、妖精題材，神怪片也大行其道，例如一九六二年的《大道公大鬥媽祖婆》、一九七〇年的《包公遊地府》等等臺語電影。

這一類涉及妖鬼神怪的奇幻電影，雖然隨著臺語片的沒落而少見，不過某些熱門的臺灣民間故事，歷久不衰，仍持續被電影公司青睞。

例如一九七七年，由香港的金洋影業出品、金翁導演的《人虎戀》，融合魔幻與功夫，取材自臺灣虎姑婆故事，隔年以《虎姑婆》的片名在臺灣上映。在一九八七年，《周成過台灣》再度被改編成電影，演員是臺灣女星張純芳與武打演員陳觀泰。

在七〇至八〇年代這段期間，姚鳳磐編導了許多部膾炙人口的恐怖片，不只塑造出臺

《虎姑婆》電影海報。

灣女鬼的經典造型，更影響香港電影對於鬼怪形象的詮釋方法，因此姚鳳磐被冠以「鬼片之王」的稱號。一九七六年，他的第一部時裝鬼片《鬼嫁》以臺灣冥婚為題材，轟動一時，之後拍攝的《殘燈・幽靈・三更天》、《古厝夜語》……等等鬼片也都成為臺灣恐怖影史的經典作品。

在這個時期，林投姐再度躍上螢幕，改編電影多至三部。在一九七一年，《可恨的人》取材自林投姐傳說。在一九七九年，柯俊雄與楊麗花合演的《林投姐》上映，電影公司甚至與聯亞出版社合作，推出由章子卿撰寫的電影小說。在一九八八年，導演丁善璽再度改編電影《林投姐》，曾是邵氏公司班底的臺灣女演員施思飾演林投姐，扮相古典幽魅，劇中甚至還有關帝爺顯靈大展神威，協助林投姐復仇的奇想橋段。此外，當時臺灣受到香港殭屍電影的影響，掀起殭屍片的熱潮，例如，一九八六年的《殭屍小子》。

到了九〇年代，臺灣電影開始走下坡，製片數量開始下滑。需要大量特效的神鬼電影，當然也漸漸稀少。在這個空窗期，外國鬼片的勢力大舉進入臺灣，例如日本的《七夜怪談》、《咒怨》，或者是泰國的《幽魂娜娜》。這時，王小棣導演的動畫電影《魔法阿媽》在一九九八年上映，取材傳統民俗，編織出充滿童趣的奇幻世界，作品新穎活潑，應該能為神鬼主題的電影帶來新氣象，可惜此片入圍第三十五屆金馬獎，卻被評審認為鼓吹怪力亂神而未能獲獎。

此後，臺灣電影界整體的復甦，也許可以將起點放在二〇〇二年。這一年，由美國哥倫比亞影業投資、陳國富導演的《雙瞳》上映，故事震撼，畫面精細。劇中呈現臺灣民俗「觀落陰」，以及諸多奇幻情節。這部電影除了獲得票房八千多萬元的亮眼成績，同時也鼓舞了許多電影從業人員。

在《雙瞳》的影響下，數年之後，出現了三部臺灣鬼片。在二〇〇五年，陳正道導演的《宅變》上映，以華麗的影像風格打造出詭譎畫面，講述奇特的「養小鬼」事件。同樣在二〇〇五年，王毓雅導演的《虎姑婆》也上映，雖然以老虎精怪傳說為主軸，但劇情則是講輪迴轉世的恩怨情仇。而在二〇〇六年，由蘇照彬編劇、導演的科幻驚悚電影《詭絲》上映，是日、港、臺三地合作的成果，話題十足。

雖然《雙瞳》、《宅變》、《虎姑婆》、《詭絲》這四部電影都試圖打破臺灣商業類型片的低潮狀態，也各自獲得佳績。但是，投入大量資金的《雙瞳》與《詭絲》，雖票房不差，但其實並未回本。虧本的窘境，讓片商開始對臺灣鬼片裹足不前。雖然接下來有《凶魅》（二〇〇八）、《追魂印》（二〇〇八）、《變羊記》（二〇一二）等等靈異鬼片上映，但劇本皆差臨門一腳，觀眾反應不熱烈。自從《詭絲》之後，臺灣鬼怪電影陷入了膠著。

這一等，就等到九年之後。

我所收藏的近年來臺灣鬼怪電影DVD，四隻玩偶則是《人面魚：紅衣小女孩外傳》電影公司與「HELLO Burger」合作推出的周邊商品，由左至右是魔神仔、紅衣小女孩、虎爺、鬼臉天蛾。

在二〇一五年，臺灣觀眾終於等到了叫好又叫座的鬼怪類型片。這一年，以臺灣民俗信仰「冥婚」為題材的電影《屍憶》上映，為新世代的鬼怪電影開了第一聲槍響。這部電影情節驚悚，美術設計精緻，充分展現出「鬼新娘」的妖異魔幻。隨著主角追查事件謎團，一步步逼近真相，觀眾也越來越膽戰心驚，是難得一見的鬼片佳作。

同樣在二〇一五年，經典的都市傳說被改編成電影《紅衣小女孩》，開啟了所謂的「魔神仔宇宙」。此系列目前已有三部電影，包含《紅衣小女孩》（二〇一五）、《紅衣小女孩2》（二〇一七）、《人面魚：紅衣小女孩外傳》（二〇一八）。

「紅衣小女孩」的故事，源自於九〇年代某電視節目播出的一段影片，據說臺中大坑的山上出現一名身穿紅衣的女孩，她會跟蹤登山客，也會帶來詛咒。

導演程偉豪受到林美容、李家愷合著的《魔神仔的人類學想像》（二〇一四）書中研究的影響，將紅衣小女孩結合魔神仔的鄉野傳說，打造出極具特色的鬼怪世界。至於《紅衣小女孩2》，不只完整描述了這名鬼怪的曲折身世，更加深劇本精緻度，尤其是劇中的「虎爺」角色十分討喜。

莊絢維導演的《人面魚》，則是紅衣小女孩的前傳故事。這部電影建立起魔神仔的世界觀，以魔神仔之母「煞魔神」作為主軸，搭配另一則都市傳說「人面魚」，頗讓觀眾耳目一新，期待日後續集。

除了「紅衣小女孩」的系列電影之外，近年來還有兩部值得注意的鬼怪電

電影《紅衣小女孩2》上映時，電影公司推出紅衣小女孩的杯緣子（掛在茶杯口的小巧玩具），一套三款。

影，都與校園議題相關。《報告老師！怪怪怪怪物！》在二〇一七年上映，由作家九把刀編導，結合喜劇與驚悚，雖然看似「惡搞」，但劇本細膩，試圖探討「青少年成長」的生命課題。在二〇一八年上映的電影《粽邪》，由廖士涵執導，取材自彰化沿海的傳統民俗「送肉粽」，完整呈現法師送煞時「跳鍾馗」的儀式，讓觀眾印象深刻。

在九〇年代之後，臺灣鬼怪電影產量大幅減少，讓人懷疑是否臺灣鬼片從此一蹶不振。不過，自從二〇一五年至二〇一八年這段期間，三年內出現了至少六部鬼怪類型的商業片，這股氣勢非常驚人。或許，臺灣鬼怪電影的盛況，不久之後就能目睹。

離島

N
太平洋
蘭嶼
五孔洞
椰油部落
饅頭岩
野銀部落
漁人部落
伊槓
紅頭部落

臺灣海峽
砂漠
威靈宮
漁翁島燈塔
四角嶼
化石館
龍宮
天台山
鷹塔
七美人塚
澎湖

奇景五十四
蘭嶼惡靈想像：狐狸、惡鳥、魔鬼樹

探查筆記

前往蘭嶼的心願，源自於狐狸。因為我想了解，蘭嶼的「狐狸」究竟是什麼？

最初讀到蘭嶼有狐狸的故事，是在夏曼・藍波安《八代灣的神話》（一九九二）有一篇文章〈夏曼・巴翁與大魔鬼〉。故事敘述一位達悟族人想要獵狐狸，於是闖入山中，卻被魔鬼嚇得逃跑。之後，我經常在記錄達悟族傳說的書籍中讀到魔鬼會豢養狐狸的情節。但根據我的認識，全臺灣包含離島，從未發現過野生狐狸。換句話說，臺灣各地沒有原生狐種，蘭嶼當然也沒有，為何當地傳說卻常常提及狐狸？

疑問停留心中多年，翻查資料卻找不到線索。後來，我得知某位親友曾在蘭嶼打工，藉由對方詢問族人，問題才得以解決。原來他們口中的「狐狸」，指的是白鼻心，也就是果子狸。

藉由這個線索，翻查相關研究，我才終於理解蘭嶼的「狐狸」與魔鬼之間的關係，尤其是王桂清與鄭漢文合著文章〈雅美族山林的狩獵文化——魔鬼的豬〉（二〇一三）考察最為詳細。根據這篇文章，白鼻心是靈貓科夜行性動物，頷下到鼻梁有白帶，故名「白鼻」，而在達悟傳說中，白鼻心自古就被視為「魔鬼的豬」（Kois no Anito）。文章也說到：「**如果聽到樹上的魔鬼使者 Totoo 鳴叫時，他們深深的相信，牠們會幫忙報信，提醒白鼻**

心說：『獵人來了！獵人來了！』」

蘭嶼人相信山中有「鬼靈」（族語「Anito」，發音類似「阿尼度」），會發出「嘟~嘟~」聲音的蘭嶼角鴞（Totoo），則是鬼靈的使者。若是村中有人生病，樹林連夜傳來蘭嶼角鴞叫聲，則預告病人即將離世。

爬梳資料時，我發現獵捕、食用白鼻心有諸多禁忌，呈現了極為特殊的惡靈想像。這時，我開始不滿足於紙上探索，便決定在二〇一八年十月拜訪蘭嶼，想要更加理解當地的鬼靈文化。

我投宿漁人部落的一家民宿，老闆是一對夫婦，經營民宿已有數十年，極有口碑。而我之所以選擇這家，更因為達悟族老闆是當地生態解說的導覽員，會帶領客人進行夜間觀察。

蘭嶼基本路線就是三十八公里的環島公路與四公里的橫貫公路，而夜間觀察的地點，就位於紅頭部落附近的橫貫公路，連接紅頭部落與野銀部落。

根據達悟族老闆的說法，以前族人不常上山，因為山是鬼靈棲息之地，不能輕易冒犯。他認為禁忌也是為了安全考量，避免人們進山迷路、遭遇危險。

經由老闆帶路，我們一行人騎著機車上山。儘管心情緊張，但更多的情緒是好奇心與冒險感。在老闆的介紹下，我們認識了姑婆芋和旱芋的差別，姑婆芋有毒要避開，旱芋則是族人會食用的芋頭，另一種還有水田栽種的水芋，口感極佳。

導覽過程中，老闆也介紹了當地植物「漢氏山葡萄」（族語「Kamanrarahet」，其義為不吉祥），族人平時避之唯恐不及。不過，若是族人發生紛爭，雙方要取其藤蔓，握住兩端。不敢握住的人，或者是將藤蔓扯斷的人，則代表心中有鬼。

山路走了十多分鐘，天空突然傳來「嘟~嘟~」的怪叫。蘭嶼角鴞正在樹梢上，棕灰色的身體幾乎與樹林同化，若非老闆的引導，眼力極差的我肯定找不到。過了不久，彷彿像是約好了一樣，一隻毛茸茸的生物躲在蘭嶼角鴞旁邊樹叢——白鼻心現身了！

白鼻心的族語是「Pangahpen」（「ahpen」，意指「去拿」），唸起來類似漢語的「搬哪奔」。老闆解釋，並非所有白鼻心都是魔鬼飼養，只有尾巴斷一截的白鼻心，被魔鬼做記號，才屬於魔鬼。以前若是獵人看到斷尾白鼻心，就不會去抓，以免被魔鬼報復。

為何達悟族人會稱呼白鼻心為「狐狸」？聽聞我的問題，老闆笑了笑，他說以前漢人來的時候，告訴族人這就是「狐狸」，所以族人才會用漢語的「狐狸」指稱這種動物。

謎底揭曉，原來這只是語言轉譯產生的誤差。

在這次導覽，老闆也帶我們一觀蘭嶼著名的海岸植物「棋盤腳」。棋盤腳在屏東、墾丁很常見，至於在蘭嶼，棋盤腳則被視為不潔、恐怖。族語稱它為「Kamanrarahet」（不吉祥）或者是「Teva」（必遭災禍）。之所以這樣聯想，據說以前曾有族人將遺體放在樹下，但一到晚上，樹卻開出豔美花朵，彷彿吸取了人的靈魂。若將棋盤腳的種子帶入家中，就是將災禍帶進來，這是一種詛咒的行為，會被主人家嚴厲斥責。

除此之外，老闆也提到，棋盤腳會成為魔鬼的樹，也是因為蘭嶼角鴞喜歡飛到這種樹上棲息。對於族人來說，聽到蘭嶼角鴞的聲音，就會引來魔鬼，厄運會降臨，因此這種樹就被視為「魔鬼樹」。

在老闆的導覽過程中，我們認識許多蘭嶼特有動物、植物。老闆對於生態保育的態度，令我印象深刻。他在

日本時代拍攝的白鼻心，出自堀川安市《臺灣哺乳動物圖說》（一九三二）。

❶棋盤腳的樹林，葉片巨大、光滑。其果實會漂浮水上，藉此繁衍他處，所以棋盤腳大多生長在海岸。達悟族墳地也在海邊，所以海岸墳場經常可見棋盤腳。根據達悟族信仰，墳地是忌諱、不潔之所在，所以棋盤腳的存在也被認為與惡魔相關。

❷棋盤腳的花瓣乳白，雄蕊數百枚，但雌蕊只有一枚，其香氣濃郁，花絲艷美，會吸引昆蟲前來。棋盤腳會在夜晚開花，清晨授粉結束，雄蕊環與花瓣就會凋落。

❸棋盤腳的果實是四稜形狀，類似棋臺的柱腳，故有此名。

1

2

3

棋盤腳樹下發現一個被刀子剖開的種子，他嘆息地說，這是不顧生態的導遊做的事情。種子被剖開，只是讓外來遊客看種子構造。但是被剖開之後，種子就沒辦法漂流他處，失去繁衍下一代的機會。他也補充，島上商家拾取林投樹果實來製作林投茶，對生態不好，因為林投果是椰子蟹食物，若無果實，牠們的食物就短缺。近年來，椰子蟹越來越少，林投果被採走是原因之一。

返回民宿的路上，我不斷思考老闆提及的生態保育。作為外來客的我，更應該以謙卑、尊重的心態面對這座島嶼。

尋幽線索

- **漁人部落**：族語「Iratay」，位於蘭嶼島的西南處，蘭嶼航空站附近。
- **蘭恩文物館（達悟族文物館）**：臺東縣蘭嶼鄉漁人一四七號。

蘭嶼

奇景五十五 椰油部落的食人章魚

妖精講古

遠古時代，大洪水淹沒蘭嶼，等到海水消退，達悟族人就開始尋找適合的土地建立部落。當時，椰油部落海邊躲藏一隻巨大的惡魔章魚，這隻怪物喜愛捕食在海中游泳的小孩。每當孩子在岸邊失蹤，悲傷的大人們都以為是被海浪捲走。

某次，惡魔章魚在水中抓走一名男孩，被同行的玩伴瞧見。玩伴劫後餘生，將真相告知村人，大家才知曉失蹤孩子都被大章魚生吞活剝。

失去兒子的父母非常傷心，因為這名男孩是獨生子。父親怒火中燒，決定為子報仇。

父親找來一個大陶鍋，放入燃燒的木材，推入海中。飢餓的大章魚望見海面漂浮著陶鍋，誤認那是獵物，八條觸手立刻將它抱緊。沒想到陶鍋慢慢變熱，大章魚渾然不覺，魔爪越抱越緊，不久之後就被滾燙的陶鍋燙死了。父親終於殺除危害村人的怪物。

探查筆記

深海章魚危害人類的故事，在臺灣各地民譚很少見，所以流傳在蘭嶼椰油部落的章魚怪物傳說，顯得格外奇異。

根據傳說，椰油部落當時居住的地方是「Do-Vanoa no Mataw」，族人殺死惡魔章魚之後，其屍體在岸邊腐爛，臭味薰天，讓族人不得不搬家。最後，他們在「Jimazawazawang」（現今的農會位置、舊燈塔的南邊海岸）建立新村落。

在鄭漢文與王桂清合寫的文章提到，以前椰油部落有一支家族，會被稱為「章魚家族」（Sira do Koyta）。因為他們以潮間帶採集為主，卻常常遭受章魚（Koyta）攻擊，故有此名。

在蘭嶼旅行時，我特地走訪椰油部落海岸，想要尋找惡魔章魚的身影。某個版本中，特別提到那隻惡魔章魚的屍體最後化為岩石，立在海邊。不過，岸邊礁岩林立，我也不知「Do-Vanoa no Mataw」在何處，問了數名當地人，卻得不到解答。

徬徨之際，我在蘭恩文物館的涼亭裡遇到一位椰油部落的族人，他本身就是島上的自然文化工作者，曾撰寫過多篇研究蘭嶼生態的論文。根據他的說法，現今族人依然會告誡小孩，不要靠近開元港北方的灣澳，因為那裡據說有大章魚出沒。他提到，那處灣澳就是椰油部落的超商7-11前方的海灘。

我返回臺灣之後，繼續查找相關資料。原來那處灣澳就是「Do-Vanoa no Mataw」，也是惡魔章魚曾經肆虐之地。我也赫然發現，那處灣澳曾有兩名孩童被大浪捲走，幸好被人救起。救助者就是那名我在涼亭遇到的達悟朋友。

惡魔章魚

1

❶椰油部落的環島公路的壁面上，繪製了一幅描述椰油部落起源的壁畫，其中也講到食人章魚的故事。

❷紅頭岩附近，據說是惡魔章魚曾經出沒的水域，大章魚甚至會爬上岸捕食人類。不過，這處海灘如今已成為羊族樂園。

❸開元港北方的灣澳，也就是 7-11 前方的海灘，據說有大章魚出沒，也是「Do-Vanoa no Mataw」的位置。實地走訪，我發現這處水域波濤洶湧，有多處漩渦、急流，不適合下水游泳。因此，章魚怪物的傳說也是一種提醒，告誡人們小心為上。

2

3

除了椰油部落有食人章魚故事，我在夏本・奇伯愛亞《釣到雨鞋的雅美人》（一九九二）書中，也讀到紅頭部落流傳類似故事。傳說久遠以前的紅頭部落裡，夏朋與西露亞是一對恩愛夫妻，某一天有一隻邪惡章魚從海底冒出，吸盤魔爪伸向在水芋田工作的西露亞，將她拖入水中。夏朋為了拯救妻子，穿上戰甲跳入海中，用短劍跟章魚拚鬥，最後成功殺死章魚，拯救妻子。

儘管惡魔章魚已經不再潛伏岸邊，不過，海底有怪物的傳說，依然在蘭嶼流傳。這並非危言聳聽，反而是智慧的告誡：海洋賜與了食物，但同時也暗藏危機，必須時刻警惕，才能享受大海的美好。

尋幽線索

椰油部落7－11：臺東縣蘭嶼鄉椰油村椰油路二九六之十二號。

奇景 五十六

魔鬼棲宿的五孔洞

鬼魅講古

洪荒時代，蘭嶼曾經數十年沒下雨，饑荒讓達悟人苦不堪言。這時，由石頭誕生出來的達悟祖先，不忍人們受苦，於是告知他的兩名孫子必須離家，才能解決困境。他們是一對兄弟，依循始祖之言，走了兩天一夜，來到了五孔洞附近，天色已暗。疲累的兄弟想找地方休息，竟然看見岸邊閃耀明亮光線。

他們靠近一瞧，發現是一群「鬼靈」（Anito）正在岸邊捉螃蟹、貝類、小魚。鬼靈態度和善，向他們解釋手中拿的東西名叫「火把」，可以用來照明。

鬼靈帶領他們進入五孔洞，洞內也有許多鬼靈，都歡迎他們的到來，並且烹煮月光貝給他們吃。他們看到火苗可以烤熟食物，覺得非常奇妙。隔天他們要離開時，鬼靈將生火的木炭放在月光貝的殼上，教導他們如何用火來燒開水、煮食物。

得到火種的兄弟，返家後就將事情經過告訴大家，眾人因此學會用火，不再茹毛飲血，齊心度過生存難關。據說這對兄弟就是朗島部落的族人。

探查筆記

達悟語的「Anito」是魔鬼、鬼靈的意思，通常指稱邪惡、恐怖的超自然存在。對於達悟人來說，它會害人，是災禍的來源，只要人死了就會變成「Anito」，避之唯恐不及。從這個詞彙也可以發現達悟族與南島語族的關聯，例如菲律賓的塔加爾人也會稱祖靈、精靈為「Anito」。

儘管達悟人害怕「Anito」，但是很特別的是，傳說中居住於五孔洞的鬼靈，性格似乎特別善良。傳說故事提到，這些鬼靈曾將火種送給達悟人，甚至也教導族人學會打魚、織布、燒陶……這些技術。

五孔洞位於蘭嶼的北邊，是達悟人禁忌之地，婦女、孩童都不宜靠近。其實，五個洞口另有達悟語的稱呼，可以統稱為「Ji-Karahem」（深處之義）。從西北方數來依序為洞口編號「第一」到「第五」，更詳細的達悟名稱分別如下：

第一個洞：名為「Do-Vahay no Volay」，字義是蛇窩，據說曾經有一條大蛇從上方的洞口出現。

第二個洞：名為「Ji-Alisosan」，字義就是休息之處。

第三個洞：名為「Do Trasan」，傳說朗島與椰油部落若有紛爭，會在此地角力相撲，分出勝負。

第四個洞：名為「Do-Pangengsadan」，字義是春、刺。並且第三、第四洞也合稱「Tongan na Ji-Karahem」。

第五個洞：名為「Do Vahay no Vonko」，字義為魔鬼之家。

實際造訪五孔洞，似乎也能理解為何這裡會被視為忌諱。因為洞口深邃，岩壁條理詭異，陰寒之氣襲面而來，難怪會被認為是恐怖鬼怪的住處。其實，五孔洞是因為海蝕作用而形成，當蘭嶼受到板塊擠壓而逐漸抬升，海浪就會沿著破碎的岩壁節理進行侵蝕，最後地殼隆起，這些海蝕洞就離開了水面。五孔洞內的海蝕凹壁，記錄著每次地殼隆起的痕跡。

不過，最令外來客好奇的，也許不是五孔洞的怪誕外貌，而是某些洞安置了十字架，岩壁也畫上十字圖騰。我聽過島上的旅客提及此地，他們猜想當地人是否想以基督力量將洞口「鎮住」？此猜測與實情相去不遠。

我曾與一名大約七十多歲的達悟族老婦人聊天，她住在椰油部落，也是一名教徒。根據她的說法，老一輩的人都說五孔洞是魔鬼占據的地方，但是教會的人認為，既然惡魔占領了這個地方，上帝就必須進駐此地，才能驅逐魔鬼。因為大地屬於上帝的，並非屬於惡魔。所以這三十幾年來，教會便將五孔洞作為集體禱告營地，舉辦復活節禮拜。她也提到，蘭嶼外來客很多，可能不熟悉路況，所以他們禱告時，經常為用路人祈禱平安。

儘管五孔洞是傳說中的禁地，但是信仰的改變，也讓當地人重新看待此地。

尋幽線索

五孔洞：蘭嶼北海岸，朗島部落的西邊，靠近沿海公路的五處岩洞。

❶第一個洞「Do-Vahay no Volay」，是蛇窩之洞，曾有大蛇從上方的孔洞探出頭。

❷第二個洞「Ji-Alisosan」，洞內有數處凹洞，也有通道可以連接第三個洞。教會在此設置了白色十字架。

❸第三個洞「Do Trasan」，高度很高，推測至少有四層樓以上的高度，岩壁嶙峋，清楚可見海蝕作用的歷史痕跡。

❹第四個洞「Do-Pangengsadan」，現今是蘭嶼教會禱告營地，由基督教的長老教會維護，教徒會在此地進行聯合禮拜。

❺第五個洞「Do Vahay no Vonko」，傳說中此地是惡靈的家，不過洞內現在成為天主教禮拜的場所。

❻第五個洞中，洞口設置了紅色的十字架，上面懸掛「耶穌死在十字架上」的示意圖。

奇景五十七

蘭嶼傳奇：仙女與巨人的故事

探查筆記

我在蘭嶼旅行的日子是觀光淡季，商家老闆、攤販較有空閒的時間與我交談，我也因此聽聞諸多當地奇譚。除了探訪魔鬼棲息的五孔洞、惡魔章魚肆虐之地，我也曾造訪其他與鬼怪、祕聞有所關聯的場所。可惜的是，當地一些具備傳奇色彩的地名，並非來自達悟文化，而是受到漢人的外來觀點所影響。

例如，雙獅岩、玉女岩、龍頭岩、鱷魚岩……這些名稱，都是漢人所命名。畢竟島上沒有獅子、鱷魚，達悟人怎可能以此稱呼？島嶼東北邊的「鬼洞」並非與鬼相關，它最早經由島上勵德班的犯人所開鑿，用來接通丘陵兩端，當環島公路修建好了之後就廢棄，遊客因為洞內陰森就起了一個「鬼洞」的稱呼。

最誇張的，應該是情人洞。網路盛傳此地是情人殉情之處，據說有一位名叫索雅的當地人與蝴蝶公主相戀，卻被青龍阻礙，雖然有「瑪祖婆」和兩隻獅子的幫助，兩人仍難逃一死，葬身情人洞。這篇故事來自《中國民間故事全集：臺灣民間故事集》（一九八九）這本書，但這則典故漏洞百出，絕非達悟族當地傳說。先不論青龍、「瑪祖婆」、雙獅……這些漢文化色彩濃厚的角色，光是索雅拯救大蝴蝶、邀請她來蘭嶼島的情節就太過荒謬。因為對於達悟文化來說，蝴蝶讓人恐懼。

達悟人非常敬畏海邊墳地，恰巧這些地方生長許多蜜源植物，所以墳地經常聚集很多蝴蝶。他們咸信蝴蝶是亡魂化身、魔鬼之靈，尤其蝶翼越大、越鮮豔（如珠光鳳蝶），越讓人害怕。

我曾問過民宿老闆，為何情人洞會產生這種傳說？他說，這都是商人為了賣明信片而編出來的故事。

為了深入了解蘭嶼當地的傳說，我會與經營飲料店的達悟族老闆聊天，也拜訪過當地的警察，向手藝店舖的大姊打聽消息。雖然很多人一開始聽到我想詢問鬼怪、傳說相關之事，總會一臉狐疑，不過最後總會耐心敘述曾經聽聞之事，我內心深深感謝這些朋友們，願意與我分享這些寶貴的故事。

蘭嶼傳奇何其多，若要一一詳述，浩如煙海。於是，我挑選兩篇我在島上聽聞的神話，向讀者介紹。

❶漁人部落神話：仙女下凡

大洪水曾經淹沒蘭嶼，當海水消退之後，有一對孤苦無依的兄弟定居在漁人部落的海邊岩洞。天神憐惜他們過得艱苦，於是派了兩名仙女姊妹下凡，命她們與這對兄弟成親。

天空降下綠色的竹子，直直插入海面，天上的仙女就順著竹竿降臨人間。原本依照天神安排，姊姊應該嫁給大哥，妹妹嫁給小弟，但是姊姊卻對小弟一見傾心，堅持與小弟結為連理。妹妹眼見對象被搶走，怒不可遏，轉身返回天上。

小弟與美麗仙女完婚之後，就與妻子搬家到山上的小凹地，生活過得越來越富足。他們不需要上山下海去尋找食物，只要用餐時刻一到，仙女妻子就會端出一盤又一盤的豬肉、羊肉、芋頭、鮮魚……等等山珍海味。作為丈夫的小弟對於不愁吃穿的生活很滿足，但是依然困惑這些食物從何而來？當他詢問妻子，妻子則說：「我們家

❶矗立在漁人部落前的「Igang」，其義為「巨岩」。據說當初此岩是巨大的竹竿，直通天界，兩名仙女曾經藉由此竹竿降下凡間。

❷蘭嶼沿岸有諸多馬鞍藤，在植物學上隸屬於旋花科牽牛花屬，多年生木質藤本，葉片狀似馬鞍，花色粉紅、淺紫，具有固砂功能。昔日達悟人會以馬鞍藤的莖綁住芒草，點燃之後當作火把，也會用葉片來掃除燒陶後在陶器上殘留的灰渣。根據野銀村傳說，曾有一條巨大的馬鞍藤橋梁連接蘭嶼和巴丹島。

❸仙女下凡的故事中，某些版本提到，丈夫偷看「宗柱」的後方，發現家中食物都是仙女的僕人所料理。宗柱成雙（象徵男女主人），是支撐整個地下屋結構的重要支柱，也是家屋最重要的精神象徵，以堅硬的龍眼樹製造而成，上窄下寬，刻有羊角浮雕，象徵子孫如羊族生生不息。至於旁邊的灶，則是薰飛魚的地方，灶灰具有驅邪作用，喪事時期可以將灶灰撒在屋前作為庇佑。

❹達悟的 Pitanatana 月是燒陶的時期，族人會採集黏土來燒陶，製作陶碗、陶鍋，多餘的黏土則會捏製成人形或動物，給小孩子當作玩偶。這些陶偶雖然沒有宗教上的意涵，但是造型樸質、洋溢童趣，是珍貴的傳統藝術作品。

後方有一個倉庫，我都是從那裡拿出東西。但是你千萬不能打開偷看，否則會發生恐怖之事。」

儘管仙女慎重囑咐，她的丈夫依舊好奇，就在某天偷瞧了倉庫。沒想到他看到倉庫內有無數的僕人正在殺豬、宰羊、製作芋頭糕。他眨眨眼，定睛一瞧，發現那些僕人竟然是蛇、螞蟻、臭蟲，他嚇得大喊一聲。那些僕人聽到喊叫聲，受到驚嚇，於是就化成煙霧，飛回天上。

當仙女發現丈夫打破禁忌，非常生氣，於是也返回天界，獨留懊悔的丈夫。據說他們所生下的後代，也成為漁人部落裡的其中一支家族。

我在漁人部落聽聞了這則神話，講述者是蘭恩文物館前方的飲料店老闆謝天義。他是達悟族人，以前曾在本島生活，後來返回故鄉工作。

根據他的說法，當初仙女降臨人間的竹竿矗立在部落前的海岸，竹竿雖然不見了，但是竹子末端化為堅硬的岩石，依舊聳立岸邊，達悟語稱它為「Igang」（發音類似「伊槓」），是漁人部落極為顯眼的地標。至於仙女和小弟生活的凹地，則名為「Do-Tazak」，意思是「天使之家」。

❷野銀部落神話：連接島嶼的馬鞍藤橋梁

野銀部落位在蘭嶼東南方的海岸，這個村落的族語名稱是「Ivalinu」，意思就是馬鞍藤很多的部落。

據說在很久很久以前，此地的海岸長出了一個巨大的馬鞍藤，藤蔓非常粗壯，足以供人行走其上，如同橋梁。馬鞍藤橋一直延伸到海裡，漂浮在水上，甚至直通遠方的巴丹島。

後來，巨人的小孩行走在海面上的馬鞍藤橋，卻被藤蔓絆倒，重心不穩，掉入了海中而淹死。巨人對於孩子的去世非常傷心，一怒之下，就用刀子砍斷了馬鞍藤橋。從此之後，野銀村與巴丹島的聯絡就中斷了。

我參加野銀部落的地下屋導覽時，從導覽者小玲姐那邊聽到這個故事。流傳在蘭嶼的巨人傳說很多，例如巨人「Si-Kazozo」將蘭嶼的天空舉高，漁人部落的巨人「Si-Mangangavang」與巴丹島巨人「Si-Vakag」是生死之交的朋友。在這些故事中，巨人都擁有偉大的力量，甚至會反映出蘭嶼和巴丹島曾經有貿易、交通往來的歷史軌跡。

尋幽線索

- **伊楨（Igang）**：漁人部落前方的海岸。
- **野銀部落**：蘭嶼島東南方的海岸。

奇景五十八 七美人的女魂花

鬼魅講古

明末時期兵荒馬亂，據說人們為了躲避戰禍，隱居於澎湖群島的南嶼。某一年，兇惡的海盜侵掠此島，居民驚慌四散。當時，有七名女子在樹林中撿拾柴木，被海盜發現，想要對她們意圖不軌。她們慌亂奔逃，卻始終無法逃離海盜追捕。

那時，她們恰巧躲至一處古井旁，萬念俱灰，心知絕對無法逃離賊寇魔爪。她們心想，與其被賊人玷汙，不如自我了斷生命！於是，七名女子相繼跳入井中殉節，保全了清白名譽。

之後，不知何時開始，井邊陸續長出七株奇樹，會綻放鮮豔的花朵。若是隨意摘折花樹，就會生病。人們咸信花樹是七名女子魂魄的化身，對此樹十分崇敬。戰後初期，澎湖縣長感念七位女子的貞德，便以「七美」冠名此島。

探查筆記

七美嶼，舊名「南嶼」、「南大嶼」、「大嶼」等稱呼，是澎湖群島最南端的一座離島。日治時期，曾屬於望安庄、大嶼庄。在一九四九年，澎湖縣長劉燕夫為了紀念七位女子的貞烈節操，便將此地改名為「七美」。

七位女子殉節之地，即是「七美人塚」。關於七美人的傳說，眾說紛紜，版本諸多。目前最早可以找到的文獻紀錄，是一八九四年刊行的《澎湖廳志》：「八罩而南為南大嶼，海濱僻處有花數株，莫知其名，開時色頗絢爛。有折之者，則病作。或云，前朝人避亂居此，遭海寇，有女子七人投井死，此花產於井中，殆魂魄所化也。近時農人鋤地者，嘗得磁器之屬。」

在日治時期，一九〇九年曾在此地安置「七美人立碑」，一九二五年則立有「七美人塚」的石碑。第二座石碑是在巡察部長的指示下建碑，碑文敘述明朝嘉靖年間有七位烈女投井完節。片岡巖在一九二一年出版的《臺灣風俗誌》，也有一篇文章〈魂花〉，描述海濱奇花乃是七位投井女子的魂魄所化身。在一九二七年四月五日的《臺灣日日新報》，則有一篇文章〈七美人の墓〉，講述此井只剩下水灘，而一旁生長的七株奇樹是「一葉萩」。

現今，學者姜佩君蒐集七美傳說，分析不同版本，相異情節大致有三處。其一，七美人來歷，可能是七位撿柴的少女、七位洗衣的少女、正在聚會的七位結拜少女、當地最美麗的七位少女、七位海盜的妻女。其二，賊人是海盜、倭寇、荷蘭人、日本軍官數說。其三，傳說井邊長出的是七棵樹、七朵花、七叢草，或者其中一棵樹有分枝，因為七美中有一美懷孕，或者某朵花樣貌不佳是因為其中一美患有氣喘。

七美人故事之所以引人入勝，在於花樹寄魂。塚內的植物，其稱呼為「一葉萩」、「葉底珠」或「市

日治時期的七美人塚寫真。

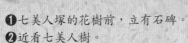

❶七美人塚的花樹前，立有石碑。
❷近看七美人樹。
❸日治時期所立的古碑，題寫「七美人立碑」。
❹一九五三年所立的石碑，何志浩題寫〈七美人歌〉：「**七美人兮白璧姿，抱貞拒賊兮死隨之。英魂永寄孤芳樹，井上長春兮開滿枝。**」碑前放置許多供品，例如鏡、梳、口紅……等等女性用品。

蔥」。在民俗療法中，一葉萩可在秋末採根、曬乾，能有活血舒筋、健脾益腎、治療小兒疳積的功效。

其實，崇敬七美守貞的說法，很有可能經過「選擇性的記憶」。最早的七美人塚，或許只是一種厲鬼信仰。傳說中，只要對花樹不敬、擅自攀折，就會生病。因此，七美故事最早可能因為「有靈」而被人傳頌。

到了日治時期，立碑起源是官方感動七美貞烈，認為此樹有「正氣」，值得被人敬仰。到了戰後，澎湖縣長將大嶼改名為七美，也是站在政治立場上，推廣貞潔品德。在一九五三年另立的石碑，則是刻上何志浩將軍憑弔此地時所創作的「七美人歌」，碑文特意將以往慣稱的「海寇」改為「倭寇」（中國對於日本海盜的俗稱），立碑日又特別選在「國慶日」這一天；根據姜佩君的研究，七美人塚在戰後甚至成為了「抗日」的精神表率。

神奇的七美人花，在不同的時代裡，被賦予了不同的意義。

尋幽線索

七美人塚：澎湖縣七美鄉南滬村，沿著澎43號鄉道，即可抵達。

奇景五十九

祈福鎮風：鷹塔、魑魅魍魎碑

探查筆記

澎湖群島位於臺灣海峽，也就是俗稱的黑水溝。古早時代，澎湖即是泉州、漳州移民渡海落腳之地，或者作為來往兩岸的中繼站。昔日，澎湖島民大多以漁業為生，不過因為寒風鹹雨，時有天災，再加上人禍戰亂，生計艱苦。於是，人們為了祈求平安、驅退災邪，便以各種辟邪祈福物作為保佑村莊的象徵。

例如，居民會在屋頂上放置陶製的風獅爺，門上會有獅頭咬劍、太極八卦或者符令。最特別的，莫過於村莊中會放置石塔、石碑。以下，便介紹位於西湖村的「鷹塔」與白沙鄉的「魑魅魍魎碑」。

七美嶼除了著名的七美人塚之外，西湖村還有一座名叫「鷹塔」（又名神鷹寶塔、塔先生、鷹先生）的石塔，值得一觀。根據《澎湖的辟邪祈福塔》（一九九九）一書的調查，此塔建立於光緒年間，建築原因是為了風水緣故。因為在西湖村的排水口處，水由南往北流，被認為風水不佳。經過玉蓮寺觀音佛祖的指示，只要在出水口處建塔鎮守，就能讓水流略為偏東，守住村莊財富。

之所以稱為「鷹塔」，這是因為在九層石塔的最頂端，放置一隻石鷹雕像。原本塔頂放置陶甕，不過在一九四三年重建時，人們依據玉蓮寺菩薩的指示，將塔頂安置鷹像。如今的石鷹，則是在一九八六年重修時，再

❶七美西湖村的鷹塔，塔頂的鷹像包覆紅布條。
❷威靈宮廟裡的魑魅魍魎碑，據說可以鎮壓風砂鬼怪。
❸七美東湖村的金龍寶塔，位於「雙心石滬」附近。塔頂安置一尾金龍，具有壓煞祈福的功能。

度新塑的雕像。

不過，鷹塔的神奇之處，並不只是風水玄談。根據姜佩君訪查，澎湖民間對於鷹塔的由來，另外還有一種說法，簡述如下：

> **很久以前，西湖村有一戶人家，包含兄、嫂與小姑。小姑對嫂嫂態度惡劣，動輒罵之，最後甚至殺死對方。嫂嫂死後，化身為美麗的鷹鳥，經常口喊：『惡姑！惡姑！』不過，變成鷹鳥的嫂嫂，依舊深愛丈夫，每日都會飛到七美西北方的海邊石頭上，目送丈夫出海捕魚。小姑心中愧疚，每天都會到海邊餵食這隻鷹鳥。之後，鷹鳥飛走了不再返回，人們就在鷹鳥休憩之地建了一座塔，塔上塑了鷹像，紀念這位少婦。**

鷹塔的建立，不論是風水之說，或者是化鷹怪談，都讓人嘖嘖稱奇。

澎湖另一種更常見的厭勝物，則是石碑，或名石敢當。以往只要地方不平靜、受到神明指示，澎湖人就會建立石敢當，作為辟邪用途，用來驅逐鬼怪，或者用來鎮壓風砂。例如，澎湖白沙鄉後寮村有一座威靈宮，奉祀保生大帝，廟旁立有一座刻有「魑魅魍魎」四字的石碑。在這四字的上方，都有一個「雨」字邊，這是「雨建耳」的簡寫，道士鎮鬼常見的符咒字體。

伊能嘉矩曾在一九〇一年到澎湖考察，他在《臺灣慣習紀事》記錄了此碑，並說明此碑由來：「**道光年間，有一怪鬼（西畔陰鬼），徘迴在后寮及其西鄰之通梁間的砂漠，殃及鄉民。時廟神顯示，從之，建石押壓，爾來亦無怪。**」也就是說，後寮村與通梁村中間的海岸砂灘上，棲息一名怪鬼，會引來狂沙烈風，讓居民不堪其擾。之後，廟神顯靈，指示要以石敢當壓煞，才讓當地平安。

在威靈宮的魑魅魍魎碑一旁，廟方也有放置碑誌，內容更為詳細。文中說明，後寮以前是窮山惡水，瘴癘橫行，在一八四一年秋冬，後寮與通梁之間的「風坑口」，山精鬼魅四處作祟。保生大帝告訴村民，後寮村乃畚箕穴，屬於陰穴，所以妖魔鬼怪才會伺機作亂。因此，祂指點民眾，在隔年設立了一座符咒石碑，鎮壓邪煞，保佑鄉民。果然從此之後，邪魔就銷聲匿跡。

尋幽線索

- **鷹塔**：西湖村山腳仔黑溝口，海邊排水口之處。
- **威靈宮、魑魅魍魎碑**：澎湖縣白沙鄉後寮村十五鄰四十五之一號。

澎湖

奇景六十

龍女與妖鱷的悲戀

妖精講古

澎湖群島附近的深海，有一座龍宮。宮中除了有龍王鎮守，也有一位美貌的龍女。因為龍王對女兒管教甚嚴，所以龍女總愛離開龍宮，前往馬公附近的四角嶼宮殿中遊玩。

某日，一位年輕漁夫意外發現四角嶼島上的宮殿，並且與龍女相知、相戀。

但是，龍種與人類不應結合，龍女的禁忌行為讓龍王勃然大怒。因此，龍王便對龍女、漁夫施加詛咒。他將龍女變成一座金珊瑚，讓漁夫變成醜陋的妖鱷，想要拆散他們。

但是，妖鱷依然深愛龍女，時時刻刻待在金珊瑚身邊。只要有貪心的人們想要開採金珊瑚，妖鱷就會現身嚇阻，保護龍女。

探查筆記

一開始讀到澎湖妖鱷的傳說，是在江日昇《臺灣外記》書中：「**一魚長二丈餘，四足，身上鱗甲金色，邊有**

火焰奪目，從海登陸。」之後，我又在清代古書中，陸續讀到相關故事，例如《臺灣府志》：「**癸亥年五月，澎湖有一物如鱷魚，長四、五尺，步沙而上，鳴聲嗚嗚。居民以楮錢送之下海，是夜登岸死焉。**」根據記載，妖鱷上岸的那一年是康熙二十二年（一六八三），也就是施琅攻臺滅鄭的那一年。清人附會妖鱷猝死，就是象徵鄭氏運勢的衰亡。

澎湖當地的民間傳說，則異於文人觀點，反而流傳海底妖鱷原本是人類，只因與龍女相愛，而被施加詛咒，變成醜陋的怪鱷模樣。薛明卿《澎湖搜奇》（一九九六）與姜佩君《澎湖民間傳說》（一九九八）皆提及此奇譚。究竟妖鱷傳說，是真是假？若繼續追查下去，就會發現不可思議的巧合。

在澎湖馬公的化石館中，收藏了一副遠古巨鱷化石的仿造骨骸，其化石真品目前存放在臺中的科學博物館。這一具在澎湖西嶼內垵出土的潘氏澎湖鱷骨骸，是一具保存非常完整的脊椎動物化石。根據發現者潘明國的說法，他當初在海邊挖到以為是沉香，放在車上一、兩年之後才託朋友取去化驗，沒想到二〇〇六年檢查的結果，竟然得知這是一千五百萬年前的古代巨鱷化石。

奇妙的是，古鱷化石出土地乃是西嶼，舊名「漁翁島」。薛明卿書中提及妖鱷原本的人類身分，就是來自漁翁島的年輕漁夫，與古鱷化石出土之地不約而同。薛書出版於一九九六年，早於化石鑑定。

或許可以大膽想像，這種古代鱷很晚才滅絕，甚至可能有孑遺生物存活在當地？當牠們被目擊之後，反而成為民間傳說的素材來源。

當然這種解釋太過離奇，難以驗證真假。但是，一千五百萬年前的古代巨鱷化石，與流傳當地數百年的妖鱷傳說不謀而合，實在讓人浮想聯翩，興味盎然。

繼續探查下去，臺灣其他離島是否曾有鱷魚？往海的另一端望去，翻讀金門當地紀錄，有一則民間故事說到，

火鱷

❶澎湖化石館中的潘氏澎湖鱷化石仿製品。

❷漁翁島燈塔最早建造於清乾隆年間，現在此地已成觀光景點，現存燈塔則是光緒年間鑄造的西式燈塔。根據民間傳說，與龍女相戀的年輕漁夫便是來自漁翁島。

以往金門遍地都是徽仔（金門方音，即是鱷魚）。根據金門人許丕堅與五、六十歲的貨物搬運工人閒聊時聽來的故事，傳說金門鱷魚在古早時代會吃人，因此姜太公為了弭平災禍，舉行祭鱷儀式，從此之後鱷魚便游向大海，再也不會出沒於金門地方。

無獨有偶，清國畫師聶璜的《海錯圖》，也有怪鱷的記載與圖繪。如同《臺灣外記》的火鱷形象，聶璜圖畫中的怪鱷通體朱紅，火焰出現在四肢、眉間，充滿奇異玄妙的氣氛。

聶璜本人並未看過火鱷，他是根據目擊者的描述而畫下。只不過，《海錯圖》中的火鱷目擊年代是康熙三十年，比臺灣在康熙二十二年的目擊紀錄還晚了八年。聶璜圖畫中的火鱷，據說是出沒在安南國（越南北部）的鱷種。根據中國學者張辰亮的推斷，此生物可能是灣鱷，會吃人，甚至食鹿。但是為何鱷鱗生火，則是不可解的謎題。

民間奇譚真真假假，難以辨明。但是澎湖妖鱷的故事，除了具有悲戀的浪漫色彩，似乎也能從考古學、生態學的方向，繼續延伸調查。妖怪的魅力，其實就存在於真實與想像之間的模糊地帶。

尋幽線索

澎湖化石館：澎湖縣馬公市中華路二三六號。

參考文獻

奇景一——劍潭幻影中的魚精與龍怪	◎片岡巖，《臺灣風俗誌》，一九二一年。 ◎李獻章，《臺灣民間文學集》，一九三六年。 ◎黃宗葵，《臺灣地方傳說集》，臺灣藝術社，一九四三年。 ◎地圖與遙測影像數位典藏計畫〈淡水廳八景之一「劍潭幻影」位在哪裡？〉，二〇一二年網路文章。網址：http://gis.rchss.sinica.edu.tw/mapdap/?p=2494&lang=zh-tw。
奇景二——月裡：大稻埕的古井魔女	◎王釗芬，《周成過臺灣的傳述》，里仁書局，二〇〇七年。 ◎《周成過臺灣歌》，竹林書局，一九八七年。
奇景三——臺北的蟾蜍精與降妖者	◎王一剛，〈臺北的傳說九則〉，《臺北文物》第七卷第三期，一九五八年。 ◎吳瀛濤，《臺灣民俗》，眾文圖書，一九九二年。 ◎蘇尚耀，《兒童文學故事選集》，幼獅，一九八九年。
奇景四——老公仙祖：獻祭十四份埤的守護神	◎《臺北廳誌》，臺灣日日新報社，一九一九年。 ◎《臺灣慣習記事（中譯本）第六卷》，臺灣省文獻委員會，一九九二年。 ◎林良哲，《五角新娘》，桃園縣政府文化局，二〇一一年。
奇景五——鶯歌的妖鳥傳說	◎趙金山，《賽夏族族譜彙編》，新竹縣五峰鄉賽夏族文化藝術協會、雪霸國家公園管理處委託辦理成果報告，二〇一一年。
奇景六——菁桐古道的魔神仔洞	◎李家愷，《臺灣魔神仔傳說的考察》，政治大學宗教研究所碩士論文，二〇一〇年。 ◎林美容、李家愷，《魔神仔的人類學想像》，五南出版，二〇一四年。
奇景七——基隆七號房慘案	◎《基隆市民間文學采集（二）》，基隆市文化局，二〇〇一年。 ◎《基隆市民間文學采集（三）》，基隆市文化局，二〇〇五年。 ◎沈惠如，〈戲劇詮釋下的基隆風貌——以《高砂館》、〈基隆七號房慘案歌〉為例〉，《經國學報》，二〇〇九年。
奇景八——石爺浮水救孝子	◎川添新輔，〈石爺〉，《臺灣地方傳說集》，臺灣藝術社編輯部，一九四三年 ◎臺灣客家筆會，《文學客家：民間故事鄉土情（第 II 期）》，二〇一二年。 ◎徐貴榮，〈石爺傳說〉，《中央大學客家學院電子報》第309期，二〇一八年。

奇景九——風水大戰：雞母鬥蜈蚣	◎胡萬川總編輯，《彰化縣民間文學集（九）》，彰化縣立文化中心，一九九六年。
奇景十一——鄭崇和墓的傳說	◎胡萬川總編輯，《苗栗縣閩南語故事集（三）》，苗栗縣文化局，二〇〇二年。 ◎劉榮春等編著，《苗栗縣文化資產資料手冊》，苗栗縣文化局，二〇〇五年。
奇景十二——古書中的妖怪繪畫	◎彭衍綸，〈淺論臺灣民間故事發展概況〉，《國立中央圖書館臺灣分館館刊》第5卷第2期，一九九八年。 ◎李志銘，《讀書放浪：藏書記憶與裝幀物語》，聯經出版，二〇一四年。
奇景十三——植物變化成妖鬼	◎張祖基編，《客家舊禮俗》，眾文出版社，一九八六年。 ◎李進益、簡東源，《花蓮縣民間文學集（二）》，花蓮縣文化局，二〇〇五年。 ◎謝進興，《與蔬菜有關之臺灣客家俗諺語研究》，新竹教育大學臺灣語言與語文教育研究所碩士論文，二〇〇九。 ◎林培雅編著，《臺南市故事集（十八）》，臺南市政府文化局，二〇一七年。
奇景十四——對抗鬼怪的絕招	◎林怡芳，〈日治時代蒜頭製糖所職住型聚落的生活方式〉，《地理研究》第46期，二〇〇七年。 ◎《臺灣民俗文物詞彙類編》，國史館臺灣文獻館，二〇〇九年。
奇景十五——貪吃妖怪的真身	◎謝敏政，《朴子溪之美》，時報文化出版，一九九八年。 ◎臺灣客家筆會，《文學客家：民間故事鄉土情（第11期）》，二〇一二年。
奇景十六——馬與兔守護葫蘆墩寶藏	◎李獻璋編，《臺灣民間文學集》，牧童出版社，一九七八年。 ◎江佩君，《澎湖民間傳說》，聖環出版社，一九九八年。 ◎李進益、簡東源，《花蓮縣民間文學集（二）》，花蓮縣文化局，二〇〇五年。 ◎王美惠，《1930年代臺灣新文學作家的民間文學理念與實踐——以臺灣民間文學集為考察中心》，成功大學歷史研究所博士論文，二〇〇八年。 ◎黃文車總編輯，《屏東縣閩南語民間文學集3——下東港溪流域篇》，屏東縣阿緱文學會，二〇一一年。 ◎泓翔，〈葫蘆墩三墩訪巡〉，《葫蘆墩季刊》第2期，二〇一二年十二月。 ◎林培雅編著，《臺南市故事集（十八）》，臺南市政府文化局，二〇一七年。
奇景十七——南屯盛事：穿木屐、躦鮭鯉	◎林惠敏編著，《典藏犁頭店》，萬和文教基金會，一九九九年。 ◎溫宗翰，《臺灣端午節慶典儀式與信仰習俗研究》，靜宜大學臺灣文學學系碩士論文，二〇一一年。
奇景十八——金星石珠：美人魚的餽贈	◎胡萬川，《臺中縣民間文學集3石岡鄉閩南語故事集》，臺中縣立文化中心，一九九三年。 ◎陳茂祥，《石岡鄉村史導覽手冊：金星村史》，臺中縣石岡鄉公所，二〇〇六年。

奇景	參考文獻
奇景二十——打廉村傳奇：鯰精滾大水	◎楊子球編輯，《埔鹽文史專輯》，埔鹽鄉公所，二〇〇三年。 ◎馬圃原，《埔鹽人文史詩風采》，埔鹽鄉公所，二〇〇五年。
奇景二十一——邵族往事：茄苳樹與獠牙精的戰爭	◎達西烏拉灣・畢馬，《邵族神話與傳說》，晨星出版社，二〇〇三年。
奇景二十二——日月潭人魚：達克拉哈	◎洪英聖，《臺灣先住民腳印》，時報文化，一九九三年。 ◎唐美君，〈日月潭邵族的宗教〉，《日月潭邵族調查報告》，南天，一九九六年。 ◎簡史朗（故事採集）、孫大川（總策劃），《邵族：日月潭的長髮精怪》，新自然主義，二〇〇二年。
奇景二十四——豬娘廟的黑皮夫人	◎鶴田郁，《臺灣むかし話》第三輯，臺灣藝術社，一九四三年。 ◎胡萬川、林培雅總編輯，《臺南市故事集（七）》，臺南市政府文化局，二〇一三年。 ◎生態旅遊網站「賴鵬智的野 FUN 特區」：https://blog.xuite.net/wild.fun/blog
奇景二十五——水牛厝的牛將軍廟	◎阮昌銳編著：《植物動物與民俗》，臺灣博物館，一九九九年。 ◎謝宜彊，《民間信仰與地方政治：嘉義太保的水牛厝大士爺信仰》，臺灣師範大學臺灣史研究所，二〇一七年。
奇景三十一——府城怪談：林投姐復仇記	◎黃淑卿，《林投姐故事研究》，成功大學中國文學研究所碩士論文，二〇〇六年。 ◎王釗芬，《周成過臺灣的傳述》，里仁書局，二〇〇七年。
奇景三十二——陳守娘化鬼申冤	◎石萬壽，〈府城街坊記——大南門〉，《e世代府城》第31期，二〇〇八年。 ◎黃淑卿，〈傳統女性生命的文化價值——從陳守娘故事觀看烈婦的文化現象〉，《東方學報》第30期，二〇〇九年。 ◎林培雅，《臺南青少年文學讀本：民間故事卷》，臺南市政府文化局、蔚藍出版，二〇一八年。
奇景三十三——情色奇案：呂祖廟假燒金	◎黃鄭明，〈呂祖廟燒金〉，《臺灣新文學》，一九三六年。 ◎吳劍虹，〈呂祖廟燒金〉，《清代臺灣三大奇案》，一九五五年。 ◎連橫，《臺灣語典、雅言》，臺灣省文獻委員會，一九九二年。 ◎陳麗華，〈傳統的重塑與再現：延平郡王祠與臺南地方社會〉，《歷史臺灣：國立臺灣歷史博物館館刊》第5期，二〇一三年。 ◎《樹谷文化基金會季刊 Tree Valley》第11期，二〇一三年十二月。

奇景三十四——石母宮的鄭母奇石	◎川口長孺，《臺灣鄭氏記事》，臺灣銀行經濟研究室，一九五八年。 ◎劉獻廷，《廣陽雜記》，臺灣商務印書館，一九七六年。 ◎黃宗羲，《賜姓始末》，臺灣銀行經濟研究室，一九五八年。
奇景三十五——白馬名家的寶藏傳奇	◎鄭美濃鎮誌編纂委員會，《美濃鎮誌》，美濃鄉公所，一九九七年。 ◎曾彩金總編纂，《六堆客家社會文化發展與變遷之研究（藝文篇上）》，六堆文教基金會，二〇〇一年。
奇景三十六——大路關傳奇：石獅三兄弟	◎范姜灴欽，《臺灣客家民間傳說研究》，東吳大學中國文學系，二〇〇四年。
奇景三十七——渡海遇難記：墾丁的荷蘭公主	◎石文誠，〈荷蘭公主上了岸？一段傳說、歷史與記憶的交錯歷程〉，《臺灣文獻》60：2，二〇〇九年。 ◎林右崇編著，《傳說恆春：軼聞與傳說》，白象文化，二〇〇九年。
奇景三十八——椅仔姑：女孩心事唯我知	◎曾敦香等編作，《臺中市民間文學採錄集（3）》，臺中市立文化中心，一九九九年。 ◎孟祥瀚編注，《南屯鄉土調查》，臺中市立文化局，二〇一五年。
奇景三十九——恐怖童謠：請神請鬼的鄉土遊戲	◎曾敦香等編作，《臺中市民間文學採錄集（3）》，臺中市立文化中心，一九九九年。
奇景四十——民間的妖鬼想像：外方紙	◎施晶琳，《臺南市金銀紙錢文化之研究》，國立臺南大學臺灣文化研究所，二〇〇四年。 ◎張益銘，《金銀紙的秘密》，晨星出版，二〇〇六年。 ◎楊偵琴，《飛天紙馬：金銀紙的民俗故事與信仰》，臺灣書房，二〇〇七年。 ◎邱秀蘭，《宜蘭民俗版畫集》，宜蘭縣立蘭陽博物館，二〇一一年。
奇景四十一——民間的妖鬼想像：十殿圖	◎戴岳弦，〈臺灣民間的喪葬道場畫——十殿閻王圖〉，《新使者雜誌》第42期，一九九七年。 ◎林芳瑜，《臺灣〈十殿閻王圖〉研究》，臺北大學人文學院民俗藝術研究所，二〇〇七年。 ◎黃敦厚，《大甲鎮瀾宮現存清代水陸法會掛軸研究》，豐饒文化社，二〇一八年。
奇景四十二——烏鬼的歷史之謎	◎曹銘宗、翁佳音，《大灣大員福爾摩沙：從葡萄牙航海日誌、荷西地圖、清日文獻尋找臺灣地名真相》，貓頭鷹出版社，二〇一六年。

奇景四十三——妖精大戰：鯉魚精戰山貓精	◎李碩卿，《東臺吟草》，一九三九年。 ◎稻田尹，《臺灣むかし話》第二輯，臺灣藝術社，一九四三年。 ◎施翠峰，《思古幽情集》，時報出版，一九七六年。
奇景四十四——美崙山的巨人阿里嘎蓋	◎中研院民族所編譯，《番族慣習調查報告書》，中研院民族所，二〇〇〇年。 ◎達西烏拉彎・畢馬，《阿美族神話與傳說》，晨星出版社，二〇〇三年。 ◎金榮華，《臺灣花蓮阿美族民間故事》，中國口傳文學學會，二〇〇一年。 ◎劉秀美，《火神眷顧的光明未來：撒奇萊雅族口傳故事》，中國口傳文學學會，二〇一二年。
奇景四十五——七星潭的青石妖怪	◎詹嘉惠，《一個濱海聚落的美麗與哀愁：七星潭社區主體性的沈潛與展現》，東華大學族群關係與文化研究所碩士論文，二〇〇三年。 ◎李進益、簡東源編輯，《花蓮縣民間文學集（二）》，花蓮縣文化局，二〇〇五年。
奇景四十六——羅山村的四項寶物	◎李進益、簡東源編，《花蓮縣民間文學集（二）》，花蓮縣文化局，二〇〇五年。
奇景四十七——乘鯨逃離女人島	◎劉秀美，《火神眷顧的光明未來：撒奇萊雅族口傳故事》，中國口傳文學學會，二〇一二年。 ◎黃嘉眉，《花蓮地區撒奇萊雅族傳說故事研究》，花蓮教育大學碩士論文，二〇〇九年。
奇景四十九——七腳川大樹下的鬼火	◎《更生報》，一九五六年十二月十四日。
奇景五十——慶修院的治病石碑	◎李進益總編輯，《花蓮縣民間文學集（一）》，花蓮縣文化局，二〇〇五年。
奇景五十一——貓將軍爺：貓魂變天神	◎臺灣總督府編著，《臺灣宗教調查報告書》，捷幼出版社，一九九三年。 ◎西川滿原著，陳藻香監製，《華麗島顯風錄》，致良出版社，一九九九年。 ◎阮昌銳編著，《植物與民俗》，國立臺灣博物館，一九九九年。 ◎鈴木清一郎原著，馮作民譯，《增訂臺灣舊慣習俗信仰》，眾文圖書，二〇一二年。 ◎ Facebook 臉書專頁「宮廟達人工作室」，二〇一四年九月六日的貼文網址：https://www.facebook.com/GongMiaoDaRenGongZuoShi/posts/713775428676985

奇景五十二——追尋龍銀飛錢的蹤影	◎林良哲，《五角新娘》，桃園縣政府文化局，二〇一一年。 ◎劉榮正，〈大社家族傳說：龍銀傳說〉，「高雄小故事」網站，由高雄市立歷史博物館架設。網址：http://crh.khm.gov.tw/khstory/StoryDesc.aspx?id=143
奇景五十三——簡述臺灣鬼怪電影史	◎林文淇，《我和電影一國：林文淇電影評論集》，書林出版，二〇一一年。 ◎赤塚佳仁原著，林欣寧、林欣蕾翻譯，《電影美術表與裏：關於設計、搭景、陳設與質感製作，我用雙手打造的電影世界》，PCuSER 電腦人文化出版，二〇一七年。
奇景五十四——蘭嶼惡靈想像：狐狸、惡鳥、魔鬼樹	◎夏曼．藍波安，《八代灣的神話》，聯經出版社，二〇一一年。 ◎王桂清、鄭漢文〈雅美族山林的狩獵文化——魔鬼的豬〉，《東臺灣研究》第二十期，東臺灣研究會，二〇一三年。
奇景五十五——椰油部落的食人章魚	◎夏本．奇伯愛亞，《釣到雨鞋的雅美人》，晨星出版社，一九九二年。 ◎余光弘、董森永，《臺灣原住民史：雅美族史篇》，國史館臺灣文獻館，一九九八年。 ◎鄭漢文、王桂清，〈雅美族海洋文化感知的生態實踐〉，《地理研究》第47期，二〇〇七年。
奇景五十六——魔鬼棲宿的五孔洞	◎達西烏拉彎．畢馬，《達悟族神話與傳說》，晨星出版社，二〇〇三年。 ◎湯谷明，《帶你玩蘭嶼》，臺東縣永續發展學會，二〇一一年。 ◎鳥居龍藏，《紅頭嶼研究第一本文獻》，原住民族委員會，二〇一七年。
奇景五十八——七美人的女魂花	◎姜佩君，《澎湖民間傳說》，聖環出版社，一九九八年。 ◎楊文乾，《神奇草藥大圖鑑 2》，林鬱文化，二〇〇一年。
奇景五十九——祈福鎮風：鷹塔、魑魅魍魎碑	◎黃有興、甘村吉，《澎湖的辟邪祈福塔——西瀛尋塔記》，澎湖縣立文化中心，一九九九年。 ◎姜佩君，《澎湖民間傳說》，聖環出版社，一九九八年。
奇景六十——龍女與妖鱷的悲戀	◎薛明卿，《澎湖搜奇》，澎湖縣立文化中心，一九九六年。 ◎姜佩君，《澎湖民間傳說》，聖環出版社，一九九八年。

圖片出處

◎公共資訊圖書館數位典藏服務網

〈月裡：大稻埕的古井魔女〉淡水河圖片。

〈基隆七號房慘案〉基隆港寫真。

〈對抗鬼怪的絕招〉老報紙新聞。

〈馬與兔守護葫蘆墩寶藏〉葫蘆墩寫真。

〈南屯盛事：穿木屐、躦鯪鯉〉穿山甲寫真。

〈邵族往事：茄苳樹與獠牙精的戰爭〉獨木舟與拉魯島寫真。

〈日月潭人魚：達克拉哈〉漁網寫真。

〈府城怪談：林投姐復仇記〉演員愛哭昧寫真。

〈古書中的妖怪繪畫〉宮本萬輔的虎姑婆繪畫與鹽月桃甫的比翼鳥繪畫。

〈乘鯨逃離女人島〉捕鯨寫真。

〈七腳川大樹下的鬼火〉老報紙新聞。

〈蘭嶼惡靈想像：狐狸、惡鳥、魔鬼樹〉白鼻心寫真。

◎中央研究院人社中心 GIS 專題中心 (2018)[online] 臺灣百年歷史地圖

〈基隆七號房慘案〉高砂公園地圖。

〈毒殺鯉魚精的計謀〉二十萬分一帝國圖（臺灣部分）（一九三二）。

〈植物變化成妖鬼〉日治二萬分之一臺灣堡圖（一九二一）。

〈打廉村傳奇：鯰精滾大水〉日治二萬五千分之一八九六）。

〈羅山村的四項寶物〉二萬五千分之一經建版地形圖（第二版）。

〈七腳川大樹下的鬼火〉舊市區航拍（一九四五）。

◎故宮 Open Data **專區**

〈馬與兔守護葫蘆墩寶藏〉郎世寧繪畫。

〈情色奇案：呂祖廟假燒金〉呂洞賓畫像。

◎國立臺灣圖書館

〈古書中的妖怪繪畫〉吐舌鬼繪畫。

〈貓將軍爺：貓魂變天神〉宮田彌太郎繪畫。

〈七美人的女魂花〉七美人塚寫真。

◎荷蘭國立博物館

〈烏鬼的歷史之謎〉出島商館街道繪畫。

◎British Library Flickr

〈陳守娘化鬼申冤〉清國官府公堂寫真。

◎其餘圖片：筆者拍攝、自藏物件。

當代名家・何敬堯作品集2
妖怪臺灣地圖：環島搜妖探奇錄

2019年5月初版　　定價：新臺幣490元
2023年7月初版第四刷

著者	何敬堯
繪者	小G瑋
	想方子工作室
叢書主編	李佳姍
校對	施亞蒨
內文排版	江宜蔚
封面設計	小G瑋
	想方子工作室

出版者	聯經出版事業股份有限公司
地址	新北市汐止區大同路一段369號1樓
叢書主編電話	(02)86925588轉5320
台北聯經書房	台北市新生南路三段94號
電話	(02)23620308
郵政劃撥	帳戶第0100559-3號
郵撥電話	(02)23620308
印刷者	文聯彩色製版印刷有限公司
總經銷	聯合發行股份有限公司
發行所	新北市新店區寶橋路235巷6弄6號2樓
電話	(02)29178022

副總編輯	陳逸華
總編輯	涂豐恩
總經理	陳芝宇
社長	羅國俊
發行人	林載爵

行政院新聞局出版事業登記證局版臺業字第0130號

本書如有缺頁，破損，倒裝請寄回台北聯經書房更換。　　ISBN 978-957-08-5312-4 (平裝)
聯經網址：www.linkingbooks.com.tw
電子信箱：linking@udngroup.com

國家圖書館出版品預行編目資料

妖怪臺灣地圖：環島搜妖探奇錄/ 何敬堯著．初版．
新北市．聯經2019年5月（民108年）．304面．17×23公分
（當代名家・何敬堯作品集2）
ISBN 978-957-08-5312-4（平裝）
[2023年7月初版第四刷]

1.妖怪　2.臺灣

298.6　　108006414